weiblichen Geschäftel zu [illegible]
aber sie geschwind, als [illegible]
bin; daher ist es gut, wenn
Ofen[illegible] ganz abwechselnd sich.
7tens den Zucker allemal durch
ein Sieb oder eigenen Beutel
sieben; denn so ist der Teig besser
zu machen, und wird sehr
gut.
8tens den Model beim Ein-
füllen nicht ganz voll ma-
chen.
9tens Alle Torten müssen ei-
nen gar zu heißen [illegible]
Herd, sonst werden sie eher
von außen braun, als sie in-
nen gebacken sind.

8. Alle gemachten Torten [illegible]
man dann [illegible] einfüllen in [illegible]
stellen, sonst gehen sie nicht

Es gelinge jeder versuchenden Hand...

Es gelinge jeder versuchenden Hand...

Das Kochbuch der Maria Katharina Nesensohn
aus dem Jahre 1827

Bearbeitet von Elmar Schallert
und Elisabeth Marte

Schallert Elmar und Marte Elisabeth:
Es gelinge jeder versuchenden Hand;
Benvenuti Werbe-Grafik-Design und Verlag;
-1. Aufl.- Feldkirch, 1994

ISBN 3-901522-01-8

Herausgeber und Verleger: Benvenuti Oliver, 6800 Feldkirch
Fotos: Müller Wolfgang, Close Up AG, Triesen, FL
Gestaltung: Benvenuti Oliver, Werbegrafik - Design, Feldkirch
Umschlaggestaltung: Müller Evi
Druck: Höfle Druck, Dornbirn
Lithos: Scanprint Dornbirn

Printed in Austria

Das Leben einer Vorarlberger Köchin in der Biedermeierzeit

Ein Bild oder gar eine Fotografie haben sich nicht erhalten von der Köchin Maria Katharina Nesensohn, dafür aber hat die Familientradition noch zahlreiche nette Episoden über diese interessante Frau bewahrt, zweifellos ein deutlicher Fingerzeig dafür, daß die Köchin Maria Katharina Nesensohn im Dorf Nenzing und darüber hinaus eine angesehene Person war, die einen nicht alltäglichen Lebensweg eingeschlagen hatte.
Ihr Vater hieß Johannes Nesensohn, kurz "Hans" genannt. 1795 hatte er von Rankweil nach Nenzing geheiratet, und zwar die Anna Maria Jutz von der unteren Mühle (beim Gasthof "Kreuz"). Hans Nesensohn erzeigte sich überaus tüchtig, sein erlernter Beruf war Bäcker, daneben arbeitete er als Müller, als Zimmermann, als Fuhrhalter und als Wirt. Von einem gewissen Schmied Anton Gamon hatte er gar bald im Nenzinger Oberdorf, in Grav, am Schnittpunkt von fünf Straßen, ein halbfertiges Haus gekauft; Hans Nesensohn baute es aus und betrieb fortan in diesem Haus (heute Grav 12) eine Winkelwirtschaft, wo es hauptsächlich Schnaps und Wein gab, wo aber in der Nacht Kartenspiele mit hohem Einsatz auf dem wuchtigen Stubentisch getätigt wurden. Auf solche Weise sei der Hans Nesensohn unter anderem zu einem schönen Stück Boden gekommen, nämlich zu "'s Hansa Letze".
Auch seine Frau, Anna Maria Jutz, genannt "'d Müllere", galt als couragiertes Weib. Von ihr berichtete die Familientradition, wie sie als mutige Nenzingerin während der Besetzung unseres Landes durch napoleonische Truppen zwei Offiziersfrauen ins Gamperdonatal begleitet habe.
Hans Nesensohn hatte mit seiner Frau insgesamt elf Kinder, doch nur vier davon wurden erwachsen. Das älteste Kind war der Sohn Johann Michael, 's Hansa Michel. Er erlernte das Müllergewerbe und pachtete lange Zeit von der Gemeinde Nenzing die Obere Mühle. Schließlich erbaute er sich ein schönes Haus neben der Schule (heute Altes Gemeindeamt) im Dorfzentrum; in diesem Haus (Bazul-straße 15, Malermeister Ignaz Konzett), lebten bis vor drei Jahrzehnten die direkten Nachkommen des Michael Nesensohn. Am 1. November 1807 wurde dem Hans und der Anna Maria Nesensohn in Grav das Töchterchen Maria Katharina geboren, das sehr schwächlich schien und an dessen Aufkommen man lange zweifelte.1811 kam wiederum eine Tochter zur Welt, Anna Maria, genannt Amrei. Sie blieb ledig und waltete als Bäuerin auf dem elterlichen Anwesen. Ihre Leidenschaft sei das "Kriasegwinna" gewesen, wo ihr kein Baum zu hoch und kein Ast zu dünn war ...

Das "Dreimäderlhaus" komplettierte 1815 die Kreszentia. Sie war diejenige von den Mädchen, die heiratete, nämlich 1851 den Josef Jutz aus der Sippe der "Kupferschmiedler". Deren einzige Tochter, Magdalena, wurde dann die Mutter des bei den Nenzingern wohlbekannten Josef Jussel, 's Hansa Sepp (1878 - 1975).

Als charakteristisch für die Männer und Frauen aus der Hansa-Sippe galt ihr großer, schlanker Wuchs. Das zeigte sich bei einem Teil von Hansas, es kann sogar heute noch bei der Verwandtschaft (Ofners, Herra, Summers) beobachtet werden.

Von auffallender Körpergröße war bei unserer Maria Katharina Nesensohn keine Spur, sie blieb zeitlebens klein, zierlich und schwächlich. Ihr Wunsch als Mädchen sei es gewesen, das Kochen zu erlernen. Nur ungern willigte der Vater in dieses Vorhaben ein, weil er meinte, eine Köchin sollte eher kräftig und robust sein.

Trotzdem erfüllte er die Bitte des Mädchens und fand in Rankweil, seinem Herkunftsort, eine Lehrstelle. In einem "Kopfziachle" trug Hans Nesensohn die wenigen Habseligkeiten der Tochter nach Rankweil. Doch der gefundene Lehrplatz erwies sich als unbrauchbar, weil die Wirtin trank und durch ihre Grobheit dem Mädchen den Aufenthalt und das Kochen völlig verleidete. Eines Tages kam Maria Katharina Nesensohn betrübt wieder heim.

Zufällig hatte der Vater erfahren, daß die Köchin des Bischofs in Feldkirch regelmäßig Mädchen zwei Jahre im Kochen unterrichte. Er fragte an, ob er seine Tochter bringen dürfe. Maria Katharina mußte sich vorstellen und wurde gleich angenommen. Das war im Winter 1826/27.

Nun wurde sie von der Köchin des Bischofs, der Frau Elisabeth Hoitin, in der Kochkunst unterwiesen. All ihr Erlerntes faßte sie am Ende der Lehrzeit handschriftlich in einem dicken Buch zusammen, in das ihr Bischof Bernhard Galura eigenhändig das Geleitwort schrieb. Bischof Galura stellte dem Nenzinger Mädchen schließlich auch ein schönes Zeugnis aus, das folgenden Wortlaut hat :

"Die Jungfrau Catharina Nessensohn von Nenzing hat in meinem Hause beinahe ein Jahr das Kochen und andere weibliche Arbeiten erlernet, während welcher Zeit sie sich so betragen hat, daß sie wegen ihrer Sittlichkeit, Thätigkeit, Liebe zur Reinlichkeit, Dienstfertigkeit und Bescheidenheit sehr empfohlen zu werden verdient. Ich wünsche ihr von Gott das Glück, daß sie dieses Zeugnis die Zeit ihres Lebens ohne Beschämung vorweisen kann.

Lefis, den 28ten Oktober 1827

Bernard Galura
Bischof von Anthedon m.pria."

Im Bischofshof zu Feldkirch (heute das alte, gelbbemalte Haus an der Reichsstraße) hatte unser Mädchen gehört, wie der Pfarrer Johann Rinderer sich beklagte, er finde in Buchboden keine geeignete Haushälterin.
Maria Katharina Nesensohn erbarmte sich des jungen Priesters und bot ihm ihre Dienste an. Freilich erlebte sie dort zwei harte Winter. Der Pfarrer, selbst arm, konnte ihr nicht viel geben, und oft habe sie nicht gewußt, woher ein paar Lebensmittel zu nehmen, um nur ein ein-faches Mahl zu bereiten. Sie erzählte noch im hohen Alter, wie der Pfarrer im Winter jeden Morgen auf eine Anhöhe ob dem Pfarrhöfle stieg und mit einer großen "Singassa" (Kuhglocke) läutete, um die Lawinen zum Abfahren zu bewegen.
Maria Katharina wollte wieder ans Land zurückkehren. Pfarrer Johann Rinderer stellte ihr am 14. Oktober 1829 ein höchst lobendes Zeugnis aus über die zweijährige Tätigkeit seiner Köchin. Es heißt darin unter anderem :
"... daß sie des Kochens und aller häußlichen Arbeiten ihres Standes sehr kundig und für deren Erfüllung allzeit besorgt war und ... der Reinlichkeit sich beflissen; daß sie beynebens zurückgezogen verlebte und aber dennoch bey vorkommenden Anlässenbesonders gegen Personen höhern Standes anständig sich zu bezeugen wußte."
Bald darauf erhielt Maria Katharina Nesensohn ein Angebot des Gasthofes "Krone" in Bludenz. Die erst 22jährige Köchin nahm die Stelle an. In kurzer Zeit verbreitete sich der Ruf ihrer hervorragenden Kochkünste. Noble Gesellschaften aus der Stadt und aus dem ganzen Land kehrten nun in der "Krone" zu. Doch für die schwächliche Köchin wurde die schwere Arbeit in der dampfenden Küche zu anstrengend.
In Nenzing wartete ein leichterer Posten auf sie, nämlich im Gasthof "Kreuz". Hier schaltete und waltete die reiche Witwe des letzten Standesrepräsentanten Greber, eine gebürtige Schweizerin mit allerlei Marotten : Beispielsweise mußten sämtliche Dienstboten der Frau Greber eine eigene Katze im Gasthof halten und diese nach dem Essen auch persönlich füttern; das Putzen im Haus war verpönt, es werde dadurch der Segen Gottes hinausgewaschen; und beim Alpauftrieb mußte das Vieh des Kreuzwirts einen beschwerlichen Umweg durch den sogenannten "Abschlag", einen Schopf, nehmen, dort stand dann Frau Greber mit einer Schüssel voll Salz und gewiehenen Kräutern und gab dem Vieh davon.
Mit dem Schwiegersohn der Frau Greber, dem Landarzt Christian Hummel, einem angesehenen Ehrenmann und österreichischen Patrioten, der 1809 zum Leibarzt des Andreas Hofer bestellt worden war, hatte die Köchin Maria Katharina Nesensohn allerdings eine Zeitlang ihre liebe Not! Hummel war zweifellos einer der vermögendsten Männer im Walgau,

weil er zweimal hintereinander alleinerbende Wirtstöchter geehelicht hatte : zuerst die Tochter des bekannten Sonnenwirts und Vaterlandsverteidigers Christian Jutz aus Nenzing und dann die Adoptivtochter des Kreuzwirtes und letzten sonnenbergischen Standesrepräsentanten Josef Ignaz Greber in Nenzing. Auf dem Kreuzanwesen blieb Landarzt Hummel denn auch zeitlebens und betrieb dort zusätzlich seine Arztpraxis, wovon heute noch die beiden Äskulap-Nattern auf der schönen Haustüre zeugen.
Landarzt und Kreuzwirt Christian Hummel (1787 - 1868) wurde von einer typischen Eigenschaft reicher Leute geplagt, - er gebärdete sich entsetzlich sparsam. Schon in seiner medizinischen Tätigkeit sei es ihm ein Greuel gewesen, wenn die Kirschenernte gut ausfiel; er soll dann ständig gejammert haben, sein ganzes Geschäft sei verdorben, weil durch das Kirschenessen (mit Steinen!) sich die Leute selbst kurierten. Im Gastbetrieb hielt er es offensichtlich nicht viel anders.
Jedenfalls sei einmal eine prominente Hochzeitsgesellschaft angesagt gewesen, wozu man die Köchin Maria Katharina Nesensohn für die Speisenplanung und wohl auch für das Kochen gewinnen konnte. Die gelernte Küchenchefin machte sich einen aufwendigen Menueplan zurecht und erstellte die wichtige Liste all jener Zutaten, Gewürze und Spezialitäten, die weder im "Kreuz" noch sonstwo in Nenzing vorrätig waren; der Knecht des Hauses sollte diese Küchenerfordernisse beim Feldkircher Gewürzkrämer holen. Landarzt Christian Hummel aber visitierte zuvor diesen Wunschzettel. Einige Gewürze strich er völlig von der Liste, bei anderen reduzierte er die Menge oder ersetzte sie durch billigere Produkte. Maria Katharina Nesensohn fiel schließlich aus allen Wolken und schimpfte. Die Hochzeitsgesellschaft kam, fand das Essen fad und geschmacklos, brach gar bald von der festlichen Tafel auf und fuhr nach Bludenz weiter, um dort zu speisen.
Seit dieser Blamage habe der Kreuzwirt Hummel nie mehr am Speiseplan oder am Einkaufszettel der Maria Katharina Nesensohn etwas auszusetzen gehabt ... Da hatte es die alte Kreuzwirtin Greber, die gebürtige Schweizerin, schon besser verstanden. Sie bedachte nämlich in ihrem Testament vom 13. Dezember 1841 die treue Köchin Maria Katharina Nesensohn mit einem Betrag von 100 Gulden (heutiger Gegenwert 2 bis 3 Kühe).
Wiesehr unsere Köchin im gesellschaftlichen Leben von Nenzing verankert war, zeigt auch das glanzvolle Hochzeitsfest, das 1834 Christian Stoß (der Erbauer des Hauses von Altbürgermeister Otto Marte) mit seiner Braut Anna Maria Häusle (von der Gerberei Häusle, heute Villa Härtenberger) veranstaltete : Insgesamt waren 82 Personen eingeladen, vom Pfarrer und vom Frühmesser über den Gemeindevorsteher hin bis zu den

Beamten aus Bludenz, den Fabrikanten Gaßner, den verwandten Landammannsfamilien Egger aus Frastanz und Amann von Schlins, der Lehrerschaft, den Nenzinger Patrioten der Napoleonischen Zeit, bis letztlich zu den 12 Brautjungfern und den 6 "Mussigkanten". Bei dieser Hochzeitsgesellschaft erhielt unsere Köchin als "Jungfrau Nesensohnin", die damals gerade in einem Feldkircher Gasthof oder in einem Privathaushalt wirkte, einen höchst ehrenvollen Platz, nämlich zwischen der „ehrgeachten Frau Landemmene" Greber, der "Frau Dochterin" Hummel und der "Frau Landemen Göttlerin von Sateins".
Hoch angesehen sei die Nenzinger Köchin in Feldkirch gewesen, bei 's Gabriela, jener Gaststätte, aus der später das Spital zwischen Eisenbahn und Reichsstraße entstand. In Nenzing beanspruchte auch die Gemslewirtsfamilie Maurer-Gamper die Dienste der Maria Katharina. Immer wieder aber wünschte man sie in der "Krone" zu Bludenz; wenn festliche Essen angesagt waren, sei die Köchin zweispännige von Nenzing nach Bludenz gefahren worden, und dort mußte sie in der Küche keineswegs mehr selbst Hand anlegen sondern nur die Oberaufsicht führen.
Den Lebensabend verbrachte unsere Köchin daheim bei ihren zwei Schwestern und dem friedlichen Schwager Josef Jutz. Immerhin hatte sie sich ein finanzielles Einkommen gesichert. In einem Verzeichnis der steuerpflichtigen Personen von Nenzing aus dem Jahre 1866 wird Maria Katharina Nesensohn als einzige Frau (!) und zugleich als Empfängerin einer Pension angeführt. Ihr erspartes Geld machte dann zu einem erklecklichen Teil die gute Vermögenslage der Familie Jussel aus. Maria Katharina Nesensohn starb an ihrem Namensfest, am 25. November, des Jahres 1875 im Vaterhaus zu Nenzing. Ihre Totentafel ist noch erhalten, sie hat folgenden Wortlaut (verfaßt und geschrieben vom damaligen Lehrer Christian Egger, der aber das Geburtsdatum irrig angab) : "Andenken an die ehr- und tugendsame Jungfrau Maria Katharina Nesensohn, geboren am 1. November 1805, gestorben nach Empfang der heil. Sterbsakramente am 25. November 1875.
O theure, so bist du geschieden,
Wir haben dich schmerzlich, dich liebe beweint.
Nun schenke der Herr dir den ewigen Frieden,
Bis er uns einst wieder mitsammen vereint."
Da früher bei solchen Totentafeln nebst Stoffblumen, Papiergirlanden, Drahtgeflechten und Goldflitter auch Haare der Verstorbenen für Blüten und Zweige verwendet wurden, erkennen wir, daß Maria Katharina Nesensohn trotz ihres Alters von 68 Jahren noch schöne mittelbraune Haare besessen hatte.

Was ist sonst von der Nenzinger Köchin erhalten? Es existieren noch Teile ihrer Tracht, denn im Haus wurden die "Gstältle" aller drei Nesensohn-Schwestern liebevoll aufbewahrt; jedes dieser kurzen Leibchen ist aus glänzender Blumenseide angefertigt, das eine in Rot, das andere in Blau, das dritte in Grün. Erhalten hat sich weiters das Gebetbuch von 1828, sehr elegant in goldgeprägtes Leder gebunden, vielleicht ein Abschiedsgeschenk des Feldkircher Bischofs an das Lehrmädchen. Das (wesentlich billigere) Gebetbuch ihrer Schwester Anna Maria ist gleichfalls vorfindlich; es wurde anläßlich einer Wallfahrt 1850 beim Buchbinder Josef Frick in Rankweil gekauft. Ganz rückwärts im Buch vermerkte die Besitzerin handschriftlich :

"Anna Maria bin ich gedauft,
in Christe Blut bin ich erkauft,
Nessensohn ist mein Geschlecht,,
im Himmel zieh ich mein Bürgerrecht."

Ein uralter Kuchenmodel aus gebranntem und glasiertem Ton sei von der "Bäse Mregatrina" angeschafft worden, ebenfalls der formschöne eherne dreifüßige Hafen mit den beiden Griffen, insgesamt mehr als 5 kg schwer.
Ein besonderes Patent hinterließ die Jungfrau Köchin mit ihrer Apfelschälmaschine : Diese Vorrichtung (Gesamtlänge ca. 45 cm), aus zweierlei Holz verfertigt und gedrechselt, konnte am Tischblatt festgemacht werden. Die Äpfel spießte man auf eine kleine eiserne Gabel; durch eine Kurbel geriet diese Gabel samt dem Obst in Drehung, dann wurden durch einen beweglichen Messereinsatz die Schalen entfernt. Schließlich hat sich noch ein handgeschriebener "Speiszedel" bis in die Gegenwart gerettet. Die Schrift verrät, daß Maria Katharina schon älter war, ihr siebengängiges Menue entspricht der Speisenfolge des 18. und 19. Jahrhunderts :

1. Nudelsupe
2. Ein Hennen und Wörst
3. Therolerknödel und Saurkraut
4. Hüner in der Soos
5. Rindfleisch, Räthig, Gugumm(ern) und Kreh
6. Brathen und Zweschgen
7. Nachdisch : Durten und Käse.

Die weitaus interessanteste Hinterlassenschaft der Maria Katharina Nesensohn ist ihr handschriftliches Kochbuch aus dem Jahre 1827. Noch während ihres Lehrjahres am Hof des Bischofs Galura in Feldkirch-

Levis faßte Nesensohn ihre erworbenen Kenntnisse auf Zetteln zusammen. Wie man aus den Textformulierungen im Kochbuch erkennt, griff sie teils auf solche eigenen Niederschriften von Kochrezepturen zurück, teils diktierte sie aus dem Gedächtnis dem Schreiber Johann Josef Nasal aus Levis. Nicht nur das Vorhaben selbst sondern der beachtliche Umfang des Kochbuches nötigt uns heute noch allen Respekt ab, denn Maria Katharina Nesensohn war damals erst 20 Jahre alt!

Das Kochbuch im Format 21 x 15 cm besteht aus 482 Seiten in hellblauem Velin-Papier, beschrieben mit dunkler Tinte, die Überschriften mit roter Tinte hervorgehoben. Die einzelnen Lagen wurden dann in Pappe gebunden und mit braun gemustertem Kleisterpapier überzogen. Den Rücken ziert ein grünes Schildchen, bedruckt mit "Kochbuch". Insgesamt bilden 511 Rezepte den Inhalt des Werkes. Die Schrift erweist sich als verblaßt und daher stellenweise schlecht zu entziffern. Besondere Schwierigkeiten bereiteten die alten Maß- und Gewichtsangaben. Zu jener Zeit existierte noch nicht das einheitliche metrische System, vielmehr standen im Bereich Feldkirch, im Bregenzerwald, im Raum Bludenz und im Montafon unterschiedliche Maße und Gewichte in Verwendung; ihre Differenz betrug nicht bloß eine Kleinigkeit, sondern das Montafoner Gewicht etwa wog doppelt so schwer wie das gleichnamige Walgauer Gewicht. Als Quelle sei das grundlegende Werk zitiert von Wilhelm Rottleuthner : Die alten Localmasse und Gewichte nebst den Aichungsvorschriften ... in Tirol und Vorarlberg. Innsbruck 1883. Ein leichtes Pfund in Bregenz galt 0,4621 Kilogramm oder 0,4606 kg; ein altes Pfund in Feldkirch wurde mit 0,4621 kg umgerechnet, ein altes Pfund im Bregenzerwald galt hingegen 0,4603 kg. Ein Pfund im Montafon aber wog 0,9757 kg schwer, jenes für Saumzwecke ins Veltlin wurde 0,82 kg gleichgesetzt.
Nicht auf Anhieb zu erkennen gaben sich mehrere Bezeichnungen für Speisen und Zutaten. Köstlich freilich sind die uralten Vorarlberger Ausdrücke, z.B. blütschen = schlagen, klopfen; Rampf = Gefäßrand; Gugumere = Gurke; Spizölen = grüne Bohnen; wiegen = zerkleinern mit einem wiegenförmigen Messer ; Mies = Moos; Schelfe(re) = Schale; spissen, spißlen = mit Holzstäbchen aufspießen, befestigen, usw.
Recht aufschlußreich sind die in verschiedenen Rezepten versteckten Hinweise auf Küchenrequisiten; sie beweisen, daß der Küchenstandard der Maria Katharina Nesensohn bzw. ihrer Lehrmeisterin einem bischöflichen Hof angemessen war. Diesem Niveau entsprechen durchwegs auch die Kochrezepte. Es wird hier keinesfalls die übliche Vorarlberger Küche des 19. Jahrhunderts vorgestellt mit ihrer doch bescheidenen

Kost für Bauern, Taglöhner, Fabrikarbeiter und Saisonwanderer. Vielmehr schrieb Maria Katharina Nesensohn ihre Rezeptsammlung für anspruchsvolle Haushalte. Selbstverständlich griff sie stark auf das Angebot des eigenen Landes zurück, etwa bei den Fischen, Fröschen, Krebsen, Schnecken, auch beim Auerhahn, beim Wildgeflügel. Das Fleisch, die vielen Eier und die Zutaten an Obst und Gemüse stammten ebenfalls aus dem ländlichen Raum. Doch mit Mandeln, Zitronen, Orangen, mit Gewürzen, ja mit Färbemitteln für Konditorwaren, mit Schokolade usw. wurde nicht gespart.
In die Richtung einer Herrschaftsküche weist selbstverständlich auch die häufige Verwendung von Rinds- und Kalbfleisch. Trotzdem blieb Sparsamkeit angesagt, wenn man allein die ständige Verwertung von übriggebliebenem Brot bedenkt.

Bei der Handhabung unseres Kochbuches empfiehlt sich etwas Geduld, nicht nur beim Lesen der altertümlichen Schreibweise, die dafür der gedruckten Auflage ihren eigenen Reiz verleiht. Manchmal hilft einfach die Formulierung des Textes in der alemannischen Mundart, und sogleich erkennt man, was die Köchin damals bezwecken wollte. Viele der kompliziert beschriebenen Arbeitsgänge sind längst überholt : man muß den Zucker nicht mehr umständlich zerschlagen und zerkleinern, auch die Nudeln müssen nicht mehr selbst auf dem Nudelbrett fabriziert werden; Pasteten gibt es zu kaufen, Mixgeräte erleichtern den Frauen das stundenlange Rühren, selbst die groben und feinen Brösel von Semmel- oder Schildbrot bereiten heute kein Kopfzerbrechen mehr.
Die Einrichtungen unserer Küchen und die Anlagen unserer Herde haben sich grundlegend verändert, ein Griff zum Schalter oder das Öffnen des Backrohrs erspart die Prozedur mit "unten und oben Gluth" ... Übrigens hat Maria Katharina Nesensohn oft das Wort "kochen" verwendet, wo es als Überbegriff für alle Arten der warmen Zubereitung gilt, also auch für "braten" und "backen".

Insgesamt stellt das Kochbuch der Maria Katharina Nesensohn ein hervorragendes Dokument für das hochstehende Niveau eines herrschaftlichen oder gutbürgerlichen Vorarlberger Haushaltes in der Zeit um 1830 dar!

Dankeschön an :

Frau Elisabeth Marte-Simma, Gasthof zur "Gamperdona" in Nenzing, für die Anregung zur Publikation des alten Manuskripts, für ihr ständig bewiesenes Interesse und für die gemeinsam mit ihrem Gatten Gerhard Marte durchgeführten Kochproben, denn ohne praktische Erfahrung und ohne die ausführlichen technischen und gastronomischen Hinweise von Frau Marte wäre die Veröffentlichung nie zustande gekommen;

Frau Anneliese Glinik-Zaggl, Obfrau der Nenzinger Wirtschaftsgemeinschaft, und dem ganzen Vorstand für die namhafte Förderung dieses Projekts, insbesonders auch den Gastwirten in der Gemeinde Nenzing, die spezielle kulinarische Köstlichkeiten aus dem Kochbuch anbieten;

Herrn Oliver Benvenuti, Nenzing - Feldkirch, für seine geschickte und geduldige Gesamtorganisation.

Herrn Wolfgang Müller, Nenzing -Triesen, dem fachkundigen Fotografen;

Frau Agathe Frommelt sel., die mir das Original des Kochbuches seinerzeit als Promotionsgeschenk übergeben hatte.

Elmar Schallert, Bearbeiter

Kochbuch

Worin nicht nur die Zubereitung der verschiedensten Speisen, sondern auch die Ordnung, selbe aufzutafeln, nebst mehrerem zu diesem Zwecke geeignetem beschrieben und vorgetragen wird.
Ein sehr nützliches Hülfsbuch für Freunde der schmackhaften Küche von Jungfrau Maria Katharina Nesensohn in Nenzing 1827. Geordnet und zusammengeschrieben von Johann Joseph Naßal in Lefis 1827.

Kochbuch der Maria Katharina Nesensohn

Geleitwort des Bischofs von Feldkirch

Martha kochte viel, ihre Schwester Maria saß zu den Füssen Jesu und hörte Gottes Wort. Martha klagte darüber, Jesus aber antwortete : Martha ! Martha ! Du bist gar sorgfältig und bekümmerst dich um Vieles; nur Eines ist nothwendig; Maria hat den besten Theil erwählet. (Bei Lukas 10. Kap. 38 - 42 Vers)
Eine Lehre für Köchinnen.

Lefis, den 7. August 1828.

Bernard Galura, Bischof von Anthedon, m(anu) p(rop)ria.

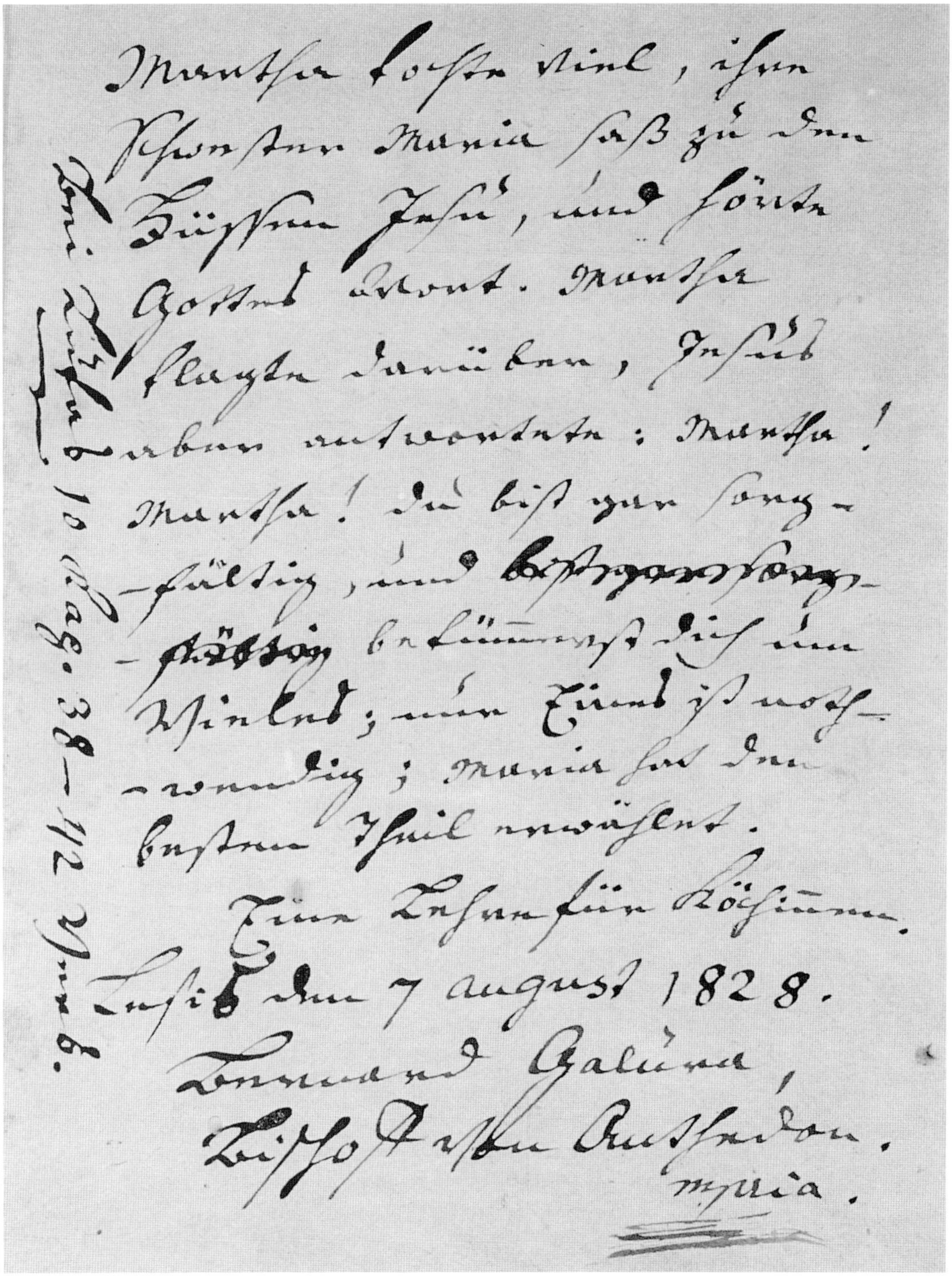

Martha sorgte viel, ihre
Schwester Maria saß zu den
Füßen Jesu, und hörte
Gottes Wort. Martha
klagte darüber, Jesus
aber antwortete: Martha!
Martha! du bist gar sorg-
-fältig, und ~~[illegible]~~
~~[illegible]~~ bekümmerst dich um
Vieles; nur Eines ist noth-
-wendig; Maria hat den
besten Theil erwählet.

Eine Lehre für Köchinnen.
Brixen den 7 August 1828.
Bernard Galura,
Bischof zu Brixen.
m.p.ria.

Bei Lukas 10 Kap. 38–42 Vers.

Geleitwort von Bischof Bernhard Galura

Vorrede

Da ich mir vorgenommen, etwas mehreres in der Kochkunst zu erlernen, als man in ländlichen Küchen inne zu werden vermag und ich wirklich in einer Fürst-Bischöflichen Küche (unter Anleitung der Jungfrau Elisabetha Hoitin) Gelegenheit fand, diese Kunst mir eigen zu machen, so habe ich den Entschluß gefaßt, das wenige, was ich erlernte, auch aufzuzeichnen, um mich bey einem etwaigen Zweifel oder Anstande Rathes zu erhohlen.
Und ich glaube, dieses Buch nicht nur allein für mich, sondern auch anderen und jenen, welchen diese so nützliche, interessante und schöne Sache nicht ganz fremd ist, geschrieben zu haben.
Ich versichere, jeder wird gleich beym ersten Versuche die glücklichste Arbeit machen, wenn er je die leichten Vorschriften, die hier enthalten und sehr begreiflich sind, beobachten will.
Denn dieses Werkchen stahl ich nicht etwa aus Schriften oder machte es auf blosse Sagen Anderer. Ich war beym Zubereiten der Speisen selbst gegenwärtig, wo ich hernach alles ganz genau zu Papier nahm.
Diesem zufolge theile ich gegenwärtiges Buch in zwey Theile ab, und zwar in alphabetischer Ordnung : wovon der erste Theil von der Zubereitung handelt und der zweyte, was und wie aufgetragen wird.

Es gelinge jeder versuchenden Hand !
Geschrieben den 28. October 1827.

Die Verfasserin.

Lebensmittel, Zutaten

Betterlekraut	Petersilie
Brodsamen	Brotbrösel
Schildbrot	spezielles Brot, aus vier kleinen Brötle bestehend
Nägele	Nelken, gestoßen = Nelkenpulver
Zimmet	Zimt; ganz oder gestoßen (gemahlen)
Mangelblätter	Mangold, spinatähnliches Gemüse
eingerührte Eier	Rühreier
Hablad	Oblaten, wird hauptsächlich für Kleingebäck verwendet;
Meerinken	Mering, aus Eiweiß und Zucker geschlagenes Gebäck
wälsche Nuß	Walnuß
Kreh	Kren
Schotto	Chaudeau, Wein mit Eidotter und Zucker auf Dampf dicklich geschlagener Schaum
Schotto	Schotte (=Molke), Abfallprodukt bei der Käseherstellung
Pomeranzen	Orangen
Hausenblasen	Fischblase, die zur Herstellung von Gelee oder Aspik verwendet wurde, heute benutzt man Aspikpulver, Blattgelee und Tortengelee;
Spitzöhlen	grüne Bohnen
Muß	Mus, Brei
Zwifel	Zwiebel
Zellerwurzen	Sellerieknollen
Gelberuben	Gelberüben
Körbelkraut	Kerbelkraut
Eyerbrod	Zopfbrot oder Milchbrot
grüne Zwetschken	frische Zwetschken
Krauthopt	Krautkopf
Karbonadl	Schnitzel
gestoßene Mandeln	Mandeln mußten in einem Mörser verstoßen werden, heute werden sie gerieben;
gestoßener Zucker	Zucker erhielt man damals nur als "Zuckerhut, er mußte in Brocken "geschlagen" und dann im Mörser gestoßen werden;
ausgesiebter Zucker	Staubzucker

Zitronen mit Zucker abgerieben	Man rieb mit groben Zuckerbrocken von Zitronen oder von Orangen an der Schale, was einen ganz intensiven Geschmack ergab. Heute kann man denselben Effekt erzielen, wenn man die Zitronen oder Orangen mit Würfelzucker abreibt.

Küchengeräte und Geschirr:

Boutelle	Flasche
Kastrohl	Kasserolle
Spützstraubentrachter	spezieller Trichter mit 3 Löchern, mit dem "Strauben" in heißes Fett eingedrückt wurden;
Seiher	Sieb
Schnore	Maul
Prügel	Rundholz, z. B. Nudelwalker
Büx	Handgetriebene Eismaschine, ein Metallgefäß mit Deckel und Rühreinrichtung. Diese Büchse stellte man in ein Gefäß mit Eisbrocken, wobei man noch fleißig salzen mußte, um die Kühlung zu gewährleisten.
glühendes Eisen	Wurde zum Karamellisieren von Cremen usw. verwendet. Heute kann man denselben Effekt mittels eines Toasters oder (in Großküchen) mittels eines Salamanders erzielen.
mit unten und oben Glut	Damals besaß man in den Küchen eine spezielle Pfanne, in die man Glut legte und sie dann auf Kochtöpfe oder Kasserollen stellte, um von oben Hitze zu bekommen. Heute haben die Backrohre Unter- und Oberhitze, noch besser sind die Heißluftrohre, mit denen das Backgut von allen Seiten gleichmäßige Hitze erhält.

Maße und Gewichte:

1 Pfund	46 dkg
1 Loth	3 dkg (sonst ca. 1,5 dkg)
2 Kreuzer Schildbrot	1 Schild , 1 Kreuzer = 1/2 Schild
1 Vierling	12 dkg
1 Quentle	2 g
1 Maß	1,3 lt
1 Schoppen	3,5 dl
1 Meßle	7,5 dl

Begriffe:

plütschen	klopfen, schlagen
bachen	backen
dünken	tunken, eintauchen
wahlen	walken, den Teig auswalken
schelen	schälen
lummern	unterziehen, vorsichtig einrühren
behren, beeren	kneten
auswirken	ausziehen, auseinanderziehen
besprützen	bespritzen, anspritzen
gestehen	fest werden, z. B. gelieren
kretzen	einritzen
formiren	formen, modellieren
verwählen	wälzen, z. B. Schnitzel im Mehl wälzen
verschäumen	abschäumen, mit einer Lochkelle den Schaum abschöpfen
bähen	toasten
es hebt	es hält, es wird fest
herausschlagen	stürzen, z. B. einen Kuchen stürzen
lind	weich
stät	stetig, andauernd
Sutt	Sud, etwas sieden lassen
Soos	Sauce
Rampf	Rand
Aufgezogenes	Aufgegangenes, franz. Souffle

Übersicht:

Kalte Vorspeisen

Schweinene Sulz
Schneide die Füß zu Stückle, laß sie 1 Tag im Wasser, thu sie in einen Lehm-Hafen mit weissen Wein, thu 1 ganze Zwifel darein, auch Lauch, Peter- und Zellerwurzen, Gelbruben, Zitteronen, Lorbeerblätter und Salz; laß sie langsam sieden und verschäume sie, damit sie hell (klar) bleibt. Wenn die Brüh abgeschütt ist, so laß sie stocken (gelieren), die Füß müssen aber vorher lind seyn. Dann thu die Fette oben und unten den Satz weg, hernach laß sie wieder vergehen; auch thu etwas Essig daran. Verschlag 2 Eyer, verdruk die 2 Eyerschalen und thu alles darein. Laß sie eine Zeitlang sieden, dann laß sie langsam durch ein feines Thuch rinnen. Diese Sulz kann nur zu Schunken (Schinken) zieren gebraucht werden.
Hinweis: Den Schaum abschöpfen, die Brüh verkalten lassen, die Fettschicht und den Satz abschöpfen

Salath zu zieren
Leg aussen her einen Rampf (Rand) um die Blatte von Blaukraut-Hopt (Hopt = Kopf), dann einen breiteren Rampf von Antive-Salath (Endivie), dann ein Ringle von geschnittenen Häring, dann in der Mitte Antive. In die Mitte der Blatte stell 1/2 hartgesottenes Ey, um das Ey mach von rothen Randig-Blättle einen Stern. Schneide vorher das Blaukraut und schütt siedenten Essig daran.

Wunderbarer Salaath
Nimm blaues Kraut, schneide es zu Salaath, übergieß ihn mit siedendem Wasser und gieb ihn unangemachter zum Tisch. Gieß dann Essig und Öhl daran, so wird er augenblicklich wieder roth werden.
Man kann auch Salath in 4 Stunden wachsend machen :
Weiche Salathsaamen 24 Stund in Branntwein ein, nimm einen Topf, übersäh ihn 2 Finger hoch mit fetter Erde, sähe dann den geweichten Salathsaamen darein, so wird er in 4 Stund gewachsen seyn.
Hinweis: Salatsamen - ev. Kresse ?

Sparglen - Salath
Binde die Sparglen zusammen und siede sie im Salzwasser, dann kühle sie ab, leg sie zierlich auf eine Blatte und thu Pfeffer, Salz, Essig und Öhl daran.

"Salath zu zieren"

Kalte Pastete

Beitze Kalbfleisch vom Schlegel, Wildbreth und Schweinfleisch ein; wenn es gebeizt ist, so trokne das Fleisch ab, schneide die Haut weg und blütsche (klopfe) es. Siede eine Lunge, wiege sie mit Zwifel, Lauch und Zitteronen, thu sie in eine Schüssel, schlage 2 Eyer, Imper (Ingwer), auch Muskatnuß, Pfeffer, Salz, 6 Loffel voll sauren Rahm und etwas geschnittenen Speck dazu; dieses alles rühr durcheinander.
Nimm 1 Meßle (ca. 7,5 dl) Mehl, 1 Pfund (23 dkg), schneide den Butter in das Mehl und sch¸tt ungefähr 1 Schoppen (3,5 dl) Milch daran. Dann nimm alles auf das Nudelbrett und wahle es, bis der Teig fein ist. Mach einen dicken Boden von dem Teig, leg ihn auf ein mit Mehl bestreutes Blech, laß einen 3 Finger breiten Rampf um das Blatt leer. Dann streiche von der angerührten Lunge darauf, dann das gebeitzte Kalbfleisch, hernach das Wildbreth und Schweinfleisch, thu (was ?) zwischen jede Sorte Fleisch.
Streiche den Rampf am Boden mit Eyer und thu ihn über den Deckel her; hernach mach einen dünnen Deckel, der nur bis zum Rampf geht, streiche ihn mit Eyer und mach ihn gut zu.
Mach vom Teig einen Zopf, thu ihn um die Pastete, mach ein rundes Loch, stecke ein rundes Papier darein, daß sie Luft hat. Um das Loch mach einen Stern, streiche sie ganz mit Eyer an und bache sie 2 Stund im Ofen. Endlich mach vom Teig ein kleines Sternlein, und zwar so, daß es auf das Loch paßt.
Hinweis: Zwischen jede Fleischsorte vom Lungenmus streichen. Den Deckel so auf die Pastete geben, daß der Rand frei bleibt; auf diesen Rand legt man dann den Zopf.

Kalte Pastete

Warme Vorspeisen

Gefüllte Eyer

Nimm hartgesottene Eyer, schneide sie mitten voneinander, leg die halben weissen Eyer auf ein rundes mit Butter bestrichenes Papier, leg das Papier samt den halben Eyer in ein Kastrohl.
Fülle: Verdrücke die hartgesottenen Dotter, rühr vergangenen Butter und Schnittlauch darunter. Lege in jedes halbe Ey ein wenig von der Fülle. In die übriggebliebene Fülle rühr das Gelbe von 1 Ey und etwas Milch und schütt es darüber her. Dies wird in Ofen gethan. Statt Schnittlauch können auch gestossene Mandeln gebraucht werden.
Hinweis: Man sollte die Dotterfülle auch ein wenig mit Salz, Pfeffer und Senf würzen.

Eyer in der Soos

Nimm 1 Stück Butter, 1 Löffel voll Mehl und 1 Zwifel in 4 Theil geschnitten, auch etwas Lauch; dieses röste ein wenig miteinander, dann schütt Wasser und Essig, auch etwas Salz daran. Hernach schneide die hartgesottenen Eyer in Blätter und thu sie in die Soos und laß es auf der Gluth bachen. Bevor Du die Eyer auf den Tisch gibst, nimm das Dotter von 1 Ey, rühr ein wenig sauren Rahm daran und schütt es an die Eyer.
Hinweis: Die Zwiebel wieder herausnehmen.

Eyer im Butter

Bache fingerbreite Brodschnittle im Schmalz gelb und leg sie wie ein Rad in ein mit Butter bestrichenes Eyerkastrohl, feuchte die Schnitten mit süßem Rahm an und schlage in jedes Spreißle vom Rad (in jede Speiche) 1 Ey; streue auch ein wenig Salz darauf und koche es mit unten und oben Glut.
Hinweis: Auf jede Schnitte ein Ei schlagen. Das Ganze zugedeckt in einem Pfännle kochen lassen.

Eingerührte Eyer

Rühr in einer Schüssel Eyer, Butter, Salz, Schnittlauch und ein wenig Milch durcheinander. Wenn es gerührt ist, so stell es auf das Feuer, bis es dickt, dann schütt es auf einen Teller und trag es warm auf.

Verlohrne Eyer
Salze Wasser und laß es strudlen, schlage Eyer darein, seihe sie wieder heraus und leg sie auf das Gemüß.
Hinweis: Nimm einen Eßlöffel zu Hilfe, daß die Eier eine schöne Form bekommen.

Auflauf von hartgesottenen Eyer
Verdruck 6 Eyerdotter, nimm 1 Vierling (12 dkg) geschelte, gestossene Mandeln, rühr 1 Vierling (12 dkg) Butter ab, schlage 4 Eyer und 4 Dotter darein und 1 Vierling gestossenen Zucker.
Dieses rühr 1/2 Stund. Dann thu die verdruckten Eyer und Mandel darein, rühr es wieder 1/2 Stund, bestreiche ein Model mit Butter, thu es darein und bache es im Ofen.

Gefüllte Eyer von Krebszieger
Verrühr 3 Eyer in einer Pfanne, thu etwas Krebsbutter, Grüns (Grünzeug), Salz und 1 Schoppen (ca. 3,5 dl) von Krebs-Suppe (und) Milch daran, rühr es auf dem Feuer, bis es zusammenfährt; dann thu es in einen Seiher, laß es ablaufen, verrühr etwas Krebsbutter, rühr 1 Eydotter darein, dann den Krebszieger; siede Eyer hart, schneide sie unten ab, thu das Gelbe heraus, streiche ein Eyerkastrohl mit Butter, leg sie darein und füll sie mit dem Angerührten.
An die überbliebene Fülle schütte süssen Rahm, schütte es an die Eyer und koch es mit unten und oben Glut.
Hinweis: Krebszieger wie Krebsbutter, statt Butter aber Topfen verwenden.

Gefüllte Eyer von Fisch
Wiege (zerkleinere) Fischleber mit Schnittlauch und Zitteronen klein, laß in einem Kaströhle (kleines Kasserol) Krebsbutter vergehen, röste ein wenig Brodsamen darein, thu das Gewiegte dazu und Salz und laß es ein wenig dünsten, fülle sie damit und mach es wie bey dem Ersten.
Hinweis: Statt Fischleber können auch Fische verwendet werden.

Gefüllte Eyer von Spinath
Nimm mit Rahm gekochten Spinath, füll die Eyer damit und mach es wie bey den ersten (erg. Rezepten). Dann füll sie noch mit Eyergelb, leg die 4 Sorten in ein Kastrohl, schütte an die gelbe Fülle süssen Rahm und schütte an die Eyer soviel, daß das Weisse darein ligt.
Hinweis: Der Schlußsatz meint, daß die Eier zugedeckt sind.

Verdeckte Eyer
Wasche die Eyer, trockne sie ab, blase sie aus, verklopfe die Eyer mit Salz, Pfeffer, Betterlekraut (Petersilie) und Schnittlauch sehr stark, fülle die ausgeblasenen Eyer damit, verschmiere die Löcher mit Teig, der mit Eyerweiß und Mehl angemacht ist, leg sie in ein siedentes Wasser und laß sie hart sieden. Dann schele sie, kehr sie in zerschlagenen Eyer, dann in Brodsamen um und bach sie im Schmalz gelb. Auch kann eine Buttersoos dazu gegeben werden. Man kann die Eyer verschneiden und auf das grüne Gemüß legen.

Gebachne Eyer
Laß Schmalz heiß werden, schlag 1 Ey in ein Schäpfle (= kleines, hochrandiges Messinggefäß) und bestreu es mit Salz. Dann thu es langsam in das Schmalz; dann nimm es mit der Schaumkelle wieder heraus und leg sie auf Brodschnitten. - Man kann auch Mehl darauf seihen. Laß sie nicht zu lang im Schmalz, daß der Dotter weich bleibt.

Gestandene Eyer
Verrühr 4 Eyerdotter, dann schütt ein wenig Milch daran, salze es und thu Schnittlauch daran. Bestreiche ein Reinle oder weisses Schüssele mit Butter, füll es darein, stell es in siedentes Wasser, thu Glut darunter, daß das Wasser immer siedet und oben nur ein wenig, und wenn es ganz gestanden ist, so schlag es heraus und trag es auf.
Hinweis: Stell es in siedendes Wasser = ins Wasserbad

Aufgegangene Eyer (Leichtes Eiersouffle)
Verrühr 4 Eyerdotter mit 4 Löffel voll Milch, Schnittlauch und Salz, schlag das Weisse von 4 Eyer zu Schnee, lummere ihn darein, bestreich ein Reinle mit Butter, füll es darein und koch es mit unten und oben Glut.

Stockfisch
Streich ein Kastrohl mit Butter, leg gebähte Brodschnitten auf den Boden, bestreu sie mit Salz und Schnittlauch, leg die Stockfisch darein, laß Zwifel im Schmalz gelb werden und thue es darauf.

Stockfisch mit Milch
Laß Butter vergehen, thu Zwifel und 1/2 Löffel voll Mehl darein, dann schütt Milch daran und salze es, dann laß es sieden. Schneide geweichte (eingeweichte) Stockfisch in Stückle, leg sie darein und laß sie eine Zeitlang kochen.

"Verdeckte Eyer"

Aufgezognes Hirn (Auflauf oder Souffle)
Rühr 1/2 Pfund (= 23 dkg) Butter ab, schlag 6 Eyer und 6 Dotter darein, rühr ein gesottenes Hirn dazu, weich um 1 - Kreuzer - Schildbrod (ein halber Schild) in die Milch ein, 1/4 Pfund (= 12 dkg) geschelte gestossene Mandel und 3/4 Pfund (ca. 36 dkg) Zucker; dieses thu dazu und rühr es 1/2 Stund lang. Streiche ein Model mit Butter, besäh ihn mit Brodsamen und bach es langsam im Ofen.

Lungenmuß
Siede die Lunge lind (weich) und wiege sie mit etwas Grünem klein. Laß Butter heiß werden, röste 1 Handvoll Brodsamen und thu sie darein. Dann thu die gewiegte Lunge darein und Salz, hernach schütt Milch daran, bis es dünn ist. Dieses Muß kann in kleine Butter-Pastetle gefüllt werden.
Auch kann man es mit Fleischbrüh kochen und Zwifel, Zitteronen, Mußkatnuß und Essig oder Wein dazu nehmen.
Hinweis: Die Masse wird in einer Kasserolle gekocht und dann in Blätterteigpasteten abgefüllt.

Wasser - Pastete
Wiege gebrathenes Kalbfleisch mit Petersill, Zitteronen und ein wenig Speck. Weiche ein wenig Brod in die Milch ein, druck es aus und rühr es unter das Fleisch; rühr es mit Eyer, Muskatnuß und Salz an. Streiche ein Reinle mit Butter, füll es darein, stell es in siedentes Wasser, thu Glut darunter, damit es immer siedet, thu auch Glut oben darauf.
Hinweis: Im Wasserbad kochen oder im Rohr backen.

Pastete mit Tauben gefüllt
Butze die Tauben, schneide sie in Theile, salze sie und dünste selbe im Butter und etwas Speckschnitten gelb; dann schütte weissen Wein daran und laß sie noch kochen, bis sie weich sind, aber daß noch Soos daran ist.
Mache einen Butterteig, schneide einen Boden, streich ihn aussen mit Eyer an und leg die Tauben ordentlich auf den Boden, aber ohne Soos. Mach einen Deckel über die ganze Pastete, in die Mitte leg einen Stern (Teigknopf) darauf, streiche die Pastete ganz mit Eyer an und bach sie im Ofen. Wenn sie gebachen ist, schneide den Stern weg und schütte die warme Soos darin, die überblieben ist von den Tauben und trag sie gleich auf.
Hinweis: Eine Pastetenform (Kastenform) mit Blätterteig auskleiden.

Teig zu einer Gansleber - Pastete

Nimm zu 3 Vierling (ca. 36 dkg) Mehl 1 Loth (3 dkg) Zucker, 1 Eyerdotter, 1/2 Glas Wasser und Salz; wirke den Teig zart aus, dann laß ihn 1 Stund im Keller stehen, zieh ihn aus (aber nicht wahlen) und besprütze den Teig unter dem Auswirken öfters mit Wasser. Diesen Teig kann man zu allen Pasteten brauchen.

Verrührte Pastete

Verrühr 8 Loth (24 dkg) Butter, hernach rühr von 8 Eyer die Dotter und zu jedem Dotter 1 Löffel voll Mehl besonders (separat) ein, auch etwas Salz. Schlag das Weisse von den 8 Eyer zu Schnee und rühr ihn darein. Schütt es in ein mit Butter bestrichenes Kastrohl und bach es im Ofen. Wenn es gebachen ist, schneide einen Deckel davon und stich es aus; thu die dazu gekochten Fröschen in einer Soos darein, dann leg den Deckel wieder darauf. Dasjenige aber, was Du ausgestochen hast, laß in einer Fleischsuppe 1 Viertelstund sieden, so hast Du eine gute Suppe.

Fisch - Pastetl

Bache kleine Laible von Schildbrod-Teig, reibe die Rinde um das ganze Laible weg, dann schneide einen Deckel weg, höhle sie aus, verrühr 2 Eyerdotter, dann schütt Milch darein, leg die Laible und Deckel darein und laß sie weichen.

Fülle dazu :

Wiege Fisch mit Lauch und Petersillen-Kraut; laß Butter vergehen, thu die gewiegten Fisch darein, auch Zwifeln und Salz, dann laß sie bachen. Thu die Laible aus der Milch, fülle sie mit dem gekochten Fisch, thu den Deckel wieder darauf, leg sie in ein mit Butter bestrichenes Kastrohl und schütt die Milch daran, in welcher die Laible geweicht worden sind. Leg auf jedes Laible ein wenig Butter und bache sie im Ofen.

Die Laible können auch mit Mandel-Fülle gefüllt werden - wie zu dem Strudel : Wenn die Laible geweicht sind, so fülle sie mit der Mandel-Fülle, thu den Deckel wieder darauf, steck Hölzle darein (Zahnstocher), damit es hebt und bache sie im Schmalz; hernach laß sie im Wein, Zucker, Zimmet und Weinbeer wieder aufkochen.

Fülle in kleine Butter - Pastetle

Wiege gescheltes Fleisch vom Schunken (Schinken) mit Grünes, dann rühr 2 Eyer und sauren Rahm daran, salze es und fülle kleine Butter-Pastetle damit.

Fülle in ein Butter - Pastetle
Wiege rohes Kalbfleisch mit etwas Speck und Lauch, dann thu es in eine Schüssel (Kasserolle), schütt ein wenig Milch, 1 Ey und Salz daran, rühr es eine Zeitlang und fülle dieses in die Pastetle.

Schnecken
Siede die Schnecken, wiege Lauch, Zwifel, Knoblauch und Zitteronen. Laß Butter vergehen, thu das Gewiegt darein und die gesottenen Schnecken, auch Pfeffer und Salz und laß sie auf der Gluth kochen.

Schnepfendreck - Schnitten
Wieg das Eingeweid (den Magen thu aber heraus) mit Zwifel, Zitteronen und Peterlekraut. Bache dünne Schildbrodschnitten im Schmalz gelb, laß Schmalz in einer Pfanne heiß werden, thu das Gewiegte darein, schütt ein wenig rothen Wein und ein wenig Suppenbrüh daran, auch Salz und Nägele und rühr es auf dem Feuer, bis es dicket.
Streiche es auf die Schnitten, druck mit dem Messerrücken ein Blatt darauf, thu sie in ein mit Butter bestrichenes Eyerkaströhle (feuerfeste Auflaufform), schütt ein wenig Suppenbrüh daran, aber nur so viel, daß das Brod darin ligt. Dann laß es auf der Glut ein wenig einkochen.

Suppen

Bier - Suppe
Laß1 Schoppen (= 3,5 dl) Bier mit ein wenig Butter sieden, nimm Zucker nach Belieben, verklopf 2 Eyerdotter, rühr siedentes Bier daran und strudle es bey dem Feuer; auch Zimmet und Muskatnuß.

Markknöpfle
Das Mark laß vergehen, seihe es in eine Schüssel, rühr es, bis es ganz weiß ist, dann schlag 3 Eyerdotter, eins nach dem andern, darein, dann eine Handvoll Brodsamen, ein wenig Mehl, Salz und etwas Grüns, rühr es eine Weile und mach sie in siedentes Wasser.

Fleischknöpfle in die Suppe
Wiege rohes Kalbfleisch mit Grünes, thu es in den Mörschel (Mörser), mach 4 eingerührte Eyer, thu sie dazu und stoß es. Rühr 4 Loth (12 dkg) Butter ab, rühr 4 Eyerdotter darein, rühr das Fleisch dazu, 1 Handvoll Brodsamen und Salz, mach sie in siedentes, gesalzenes Wasser und laß sie langsam sieden.
Hinweis: Faschiertes Kalbfleisch verwenden; vier Rühreier.

Spinath - Knöpfle
Wiege Spinath, druck ihn aus, nimm den ausgedruckten Spinath, rühr ihn mit 1 Ey ab, thu ein wenig Mehl, ein wenig Brodsamen und Wasser darein. Dann mach sie mit der Knöpfle-Pfanne in siedentes, gesalzenes Wasser.

Butter - Knöpfle
Rühr 1/2 Vierling (6 dkg) Butter ab, dann schlag 3 Eyer darein und rühr groben Semmel dazu, aber daß es nicht zu dick wird, und Salz und Milch. Dann laß es eine Weile stehen und mach sie in die siedente Fleischbrüh. Gib aber acht, daß sie nicht verfallen.

Semmel - Knöpfle an Fasttag
Verrühr 1 Ey groß Butter, dann rühr 2 Eyer darein, auch groben Semmel und Salz, mach den Teig aber nicht zu fest; laß es eine Weile stehen und mach sie in siedentes Wasser; sind sie zu dünn, so thue Mehl dazu; sind sie aber zu dick, so schütt ein wenig Milch daran. Diese Knöpfle müssen ganz klein gemacht werden.

Mandelschnitten in brauner Suppe
Weiche das Linde von 1 Kreutzer Schildbrod (2 Brötchen) in Milch ein, rühr 1 Stückle Butter ab, thu 1 Handvoll geschelte, gestossene Mandel darein, druck das Brod aus und gibs auch dazu und ein paar Eyerdotter, Salz und Muskatnuß; dieses rühr wohl durcheinander.
Schneide Schildbrodschnitten, überstreich sie fingerdick auf einer Seite (mit dem Gerührten) und leg sie in ein butterbestrichenes Reinle; streiche sie oben mit vergangenem Butter, bestreu sie mit Mehl und laß sie im Ofen gelb bachen. Dann leg sie in Suppentopf, richt die siedente braune Suppe daran, deck sie zu, laß sie eine Weile stehen und trag sie auf.

Eyerflädle - Suppe
Mach dünne Eyerflädle, schneide Nudeln daraus, dann laß sie in der Fleischsuppe ein paar Wall sieden, verrühr 2 Eyerdotter und richte die Suppe daran.
Hinweis: In die Suppe vor dem Anrichten 2 Eierdotter schlagen und versprudeln.

Fasten - Gersten - Suppe
Wasche 1 obere Schaale (Suppenschale) voll Gerste, dann thu die Gerste in einen Hafen, schütt 6 Schalen Wasser daran und laß sie sieden; binde ein Büschele Grünes zusammen, thu es darein und laß es mitsieden.
Dann rühr 1 Löffel voll Mehl mit 1/2 Schaale sauren Rahm an, schütt es daran, auch ein wenig Butter und Salz, dann laß sie noch lang sieden. Verrühr 1 Eyerdotter mit ein wenig sauren Rahm in den Suppentopf, leg gebähte Brodschnitten darein und seihe die Suppe daran so, daß keine Gerste darein kömmt.

Weinsuppe
Verrühr 2 Eyergelb mit 1 Schaale voll süssen Rahm, 1 Kaffeelöffel voll Zimmet, und Zucker, bis es süß ist. Dann rühr 1 Schoppen (3,5 dl) weissen, guten Wein daran, thu alles in eine gelbe Pfanne, stell es auf das Feuer und strudle es, bis es siedet, dann schütt es in den Suppentopf.Schneide Schildbrodschnitten, bestreu sie mit Zucker, brenn sie mit einem glühenden Eisen, leg sie auf einen Teller und trage sie zur Suppe auf.
Hinweis: Auf den Brotschnitten wird Zucker karamelisiert.

Mandelschnitten in brauner Suppe

Knöpfle vom rohen Kalbfleisch
Wiege 1/2 Pfund (23 dkg) rohes Kalbfleisch mit Grünes; weich Brodsamen in die Milch ein, rühr etwas Butter ab, rühr 3 Eyerdotter und 1 Ey darein, druck das Brod aus und rühr es dazu, dann das Fleisch und Salz und mach ganz kleine Knöpfle daraus. Man kann sie sieden oder im Schmalz bachen.
Hinweis: Faschiertes Kalbfleisch verwenden.

Eyer - Knöpfle
Nimm Eyer, salze sie, thu Gewürz und Grünes dazu und verklopfe sie; dann rühr Brodsamen darein, bis es ein nicht zu fester Teig ist. Mach mit dem Löffel kleine Knöpfle in die Fleischbrüh und laß sie sieden. Je länger diese Knöpfle sieden, desto linder werden sie.

Butterknöpfle in einer Fleischsuppe
Verrühr 1 Stück Butter, dann rühr 6 Eyerdotter, eins nach dem andern, darein, dann ein wenig Mehl und Brodsamen, bis sie heben, auch Muskatnuß, Grüns und Salz. Mach sie in siedentes, gesalzenes Wasser und laß sie langsam sieden; dann seihe sie heraus und schütte die Suppe daran.

Gebachene Knöpfle in die Fleischsuppe
Nimm verriebenes Brod mit Grünes, mach es mit Eyer an und Salz. Dann mach kleine Knöpfle ins heisse Schmalz und laß sie gelb bachen. Dann laß sie ein wenig auskühlen, thu sie in die siedente Fleischbrüh und laß sie noch eine Weile sieden.

Hirn - Knöpfle
Schele das Hirn, dann verrühr es zart, thu für 3 Kreuzer geriebenes Schildbrod (6 Schildbrötle), 4 Eyer, Gewürz und Salz daran, dann mach sie in gesalzenes, siedentes Wasser.
Hinweis: gekochtes Hirn häuten und backen.

Butter - Knöpfle
Rühr 1 Stück Butter ab, dann rühr 2 Eyerdotter darein und groben Semmel (Semmelbrösel), und zwar soviel, bis sie heben (fest werden), salze sie. Mach die Knöpfle ganz klein in siedente Fleischbrüh und laß sie 3/4 Stund langsam sieden.

Eyerklar - Suppe
Röste Brodsamen im Schmalz gelb, laß sie kalt werden, dann rühr sie mit Eyerklar an, salze sie und laß sie in die siedente Fleischbrüh rinnen; laß sie noch ein paar Wall sieden, dann richt sie an.

Blinde Schokalade - Suppe
Stoß 1 Stück Zucker fein, laß Schmalz heiß werden, röste 1 Kochlöffel voll Mehl gelb, thu es darein, dann thu den Zucker dazu und röste es braun. Dann schütt Milch daran, laß sie eine Weile sieden und richt sie über gebähte Brodschnitten an.

Schokalade - Suppe
Reibe Schokalade und siede ihn in der Milch; dann richte sie über gebähte Brodschnitten an.

Gestandene Eyer - Suppe in einer Fleischbrüh
Nimm das Gelbe von 2 Eyer, verrühr sie mit einem Kaffeelöffel voll Mehl, auch etwas Suppenbrüh und Schnittlauch; schütte es in einen Hafen, stell ihn oder häng ihn in siedentes Wasser, bis es ganz dick ist. Richte die Suppe mit gebähten Brodschnitten an, stich das Gestandene mit einem Löffel heraus und leg es oben auf die Suppe.
Hinweis: Kugeln oder Nockerl ausstechen

Fröschen - Suppe
Schneide von den Fröschen die untern Beinle ab und röste sie im Schmalz mit Zwifel und Lauch, auch Gelberuben, Bettersillen und Zellerwurzen (Sellerieknollen); dann schütt Wasser daran und laß sie sieden, und wenn die Suppe eine Zeitlang gesotten hat, so seihe die Brüh an gebähte Brodschnitten, lös das Fleisch von den Beinle und thu es in den Suppentopf, rührs mit dem Gelben vom Ey ab und schütt die Suppe daran.

Erdäpfel - Suppe in der Fleischbrühe
Siede dünngeschnittene Erdäpfel in der Fleischbrühe, dann thu Butter in ein Kastrohl, 1 Löffel voll Mehl und Zwifeln; dieses röste ein wenig. Dann treib die gesottenen Erdäpfel durch eine Seihe und schütt es daran. Hernach bach gewürfeltes Schildbrod im Schmalz und thu es daran.
Hinweis: Gesottene Erdäpfel durchtreiben = passieren

Krebs - Suppe
Laß in einem Kastrohl Butter vergehen, thu Zwifel und Lauch, auch Gelberuben, Petter- und Zellerwurzen, ein wenig Mehl und Salz dazu; laß es eine Zeitlang dünsten. Dann thu die gestossenen Krebs darein, schütt von gesottenen Erbsen die Brüh daran und laß es sieden; dann seihe sie über gebähte Brodschnitten.

Suppe vom schwarzen Brod
Schneide schwarzes Brod dünn und laß es in der Fleischsuppe sieden; dann richt sie an und mach verlorne Eyer darein.

Fleischsuppe mit geröst(et)en Brodsamen
Röste Brodsamen im Schmalz gelb, laß sie in der Fleischsuppe sieden; dann rühr das Gelbe von Eyer in die Schüssel und schütt die gesottene Suppe daran. Diese kann auch mit gewürfeltem Schildbrod gemacht werden.

Braune Suppe
Laß ein wenig Schmalz heiß werden, dann thu geschnittenes Nierenfett, Rindfleisch, ein wenig Speck, gebähte Brodschnitten, Zwifel, Lauch, Gelberuben, Peterle- und Zellerwurzen, auch Muskatnuß, ein wenig Mehl und Salz darein. Dieses laß durcheinander gelb kochen, rühr es öfterts auf, und wenn alles gelb ist, so schütt die Fette weg, thu ein wenig Wasser daran und laß es wieder einkochen. Hernach schütt Fleischbrüh daran und laß sie eine Zeitlang sieden, dann seihe sie ab.In die Suppe können Blumenflecke, abgerührte Pastetle oder Nudeln gebraucht werden.

Braune Suppe
Mach eine braune Suppe, verrühr ein paar Eyerdotter in den Suppentopf, schütt die heisse Suppe darein und thu gebähte Brodschnitten dazu.

Weinsuppe für 8 Personen
Verrühr 4 Eyergelb in einer gelben Pfanne, schütt 1/2 Maaß (ca. 7 dl) Milch, Wasser und 1 Maaß (1,3 l) weissen Wein daran, auch Zucker, bis es süß ist. Rühr es auf dem Feuer, bis es siedet.
Schneide Schildbrodschnitten dünn, stich mitten einen Stern aus, besäh sie mit Zucker und brenn sie mit einem glühenden Eisen; thu sie in Suppentopf, richt die Suppe daran oder trag sie auf einem Teller zur Suppe auf.

Gebachne Erbsensuppe (Backerbsensuppe)
Mach einen Teig von Mehl, Eyer, Milch und Salz, laß diesen Teig durch einen Schaumlöffel ins heisse Schmalz tropfen, und wenn sie gelb sind, so thu sie heraus. Gieß gesottene Erbsenbrüh daran, trag sie gleich auf, sonst werden sie zu weich.
Auch kann man ein Nudelblatt auswahlen und mit einem dicken Federkiehl ausstechen. Dann bach sie im Schmalz; diese laß eine Weile in der Brüh sieden.

Braune Suppe von Fisch

Siede Erbsen wie eine dünne Suppe, dämpfe ein Stückle Butter mit aller Art Wurzen, dann thu es in die Erbsen und laß es sieden. Schneide 2 Pfund (92 dkg) Fisch in Stückle und wasche sie sauber. Laß in einem Kastrohl Butter vergehen, leg die Fisch darein und geschnittene Zwifel, Peter- und Zellerwurzen (Petersilienwurzen und Sellerieknollen), Gelberuben, gebähte Brodschnitten, auch ein wenig Mehl und Salz; laß dieses langsam dämpfen, bis es gelb ist. Dann treib die Erbsensuppe durch einen Seiher, schütt sie an die Fisch und laß sie sieden. Dann seihe sie ab und richt sie an gebachne Erbsen oder Mandelschnitten an. - Zu 2 Pfund (92 dkg) Fisch rechnet man 3 kleine Maaß (ca. 3 l) Brüh.

Schokalade - Suppe

Nimm 1 Schoppen (3,5 dl) Milch und Wein oder Bier, thu es auf das Feuer, bis es anfängt zu sieden; rühr 3 oder 4 Löffel voll Schokalade mit etwas Zucker darein und rühr es, bis es ein paar Wall aufgethan hat. Verrühr 2 Eyerdotter mit 1 Löffel voll Wasser, rühr die gesottene Schokalade daran und schütt es über gebähte Brodschnitten.

Hauptspeisen - Allgemein

Gefüllte Eyerfleck
Mach ein dünnes Nudelblatt und schneide große viereckichte Fleck daraus, siede sie ab und kühle sie ab, leg sie voneinander und laß sie abtropfen. Bestreiche ein Reinle mit Butter, beleg den Boden mit den Fleck und laß sie über den Rampf (Gefäßrand) herausgehen. Mach eingerührte Eyer, streich die Fleck damit , gieß darüber etwas sauren Rahm, dann wieder Fleck und so fort, bis es voll ist. Die Fleck, welche heraushängen, schlag darüber her. Dann leg ein wenig Butter darauf und koch es mit unten und oben Glut oder im Ofen.

Fleischkräpfle
Wiege (zerkleinere) etwas kalten Braten mit Zwifel, Knoblauch und Betterle-Kraut, thu es in eine Schüssel, rühr es mit 2 Eyer, etwas sauren oder süssen Rahm und Salz ab, mach ein dünnes Blatt wie zu Nudeln, fang unten am Blatt einen Ring an von der Fülle, wie eine Nuß groß und einen starken Finger breit von einander darauf; zuletzt streiche das Blatt ab und zwischen der Fülle mit dem Weissen vom Ey an, dann schlage das Blatt über die Fülle her, drucke es oben und auf den Seiten zusammen, drucke mit dem Küchle-Rädle kleine Kräpfle heraus, thu sie in ein siedentes, gesalzenes Wasser und laß sie eine Zeitlang sieden; dann seihe sie heraus und schmelz sie mit gelb geröst(et)en Brodsamen ab.
Hinweis: ähnlich wie Schlipf- oder Schlutzkrapfen. Es wird ein Nudelteig gemacht, der Länge nach ausgerollt, in die untere Hälfte setzt man in regelmäßigen Abständen nußgroße Häufchen der Fülle. Dann klappt man den oberen Teil darüber, klebt ihn mit Eiweiß auf den unteren und rädelt halbrunde Kräpfle heraus.

Speckknedel
Schneide Speck gewürfelt, auch für 4 - Kreuzer - Schildbrod (2 Schild), dann wieg kalten Brathen, Rindfleisch und Zellerkraut (Sellerie), schlag 4 Eyer in eine Schüssel und verrühr sie mit ein wenig Milch. Dann thu den Speck, Brod und das gewiegte Fleisch darein, auch etwas Mehl und Salz und rühr es wohl durcheinander.

Gefülltes Krauthopt (Krautkopf)
Verrühr ein Stück Butter, dann schlag 1 Ey darein, weiche Schildbrod ohne Rinde ein, drucke es aus und rühr es darein, auch Grüns und Salz. Fülle das Hopt damit und mach es wie bey dem ersten (Rezept).

Fleischkräpfle

Wein - Karminadel
Schneide Karminadel (Schnitzel), blütsche sie und Salz thu auch dazu, kehr sie im vergangenen Butter und Brodsamen, dann laß sie in einem Kastrohl im Butter gelb brathen. Schütt ein wenig Suppenbrüh daran, laß sie wieder einkochen, schütte weißen Wein daran und laß ihn wieder einkochen. Diese können zu Butter-Pastetle aufgetragen werden.

Brodknöpfle an Fasttag
Schneide für 4 Kreuzer Schildbrod (2 Schild) gewürfelt, weich die Hälfte davon in die Milch ein, die andere Hälfte röste im Butter gelb. Verrühr 3 Eyergelb mit Milch, thu das geröstete Brod darein; das eingeweichte Brod drucke aus und rühr es darein, auch gewiegtes Better- und Zellerle-Kraut (Petersilie und Sellerie) und Salz, auch 3 oder 4 Löffel voll Mehl, rühr es wohl durcheinander. Schlag von 3 Eyerweiß einen Schnee, rühr ihn darein und mach die Knöpfle in siedentes gesalzenes Wasser, endlich bach sie im Schmalz gelb oder schmelze selbe ab.

Eingemachtes mit Karviol
Koch eingemachte Hühnle oder Kalbfleisch, schel den Karviol, brüh ihn ab, dann kühl ihn ab, und wenn das Eingemachte genug gekocht ist, thu den Karviol darein und laß es noch ein wenig kochen.

Laubfrösch
Nimm Mangelblätter (Mangold) oder große Spinathblätter, wasche sie, thu sie in eine Schüssel, salze sie und gieß siedentes Wasser daran, decke sie zu und laß sie ein wenig stehen; dann laß das Wasser ablaufen und kühle sie ab und leg die Blätter voneinander (einzeln legen). Hernach mach eingerührte Eyer (Rühreier), thu ein wenig auf ein Blatt, thu wieder eins darauf und thu das andere ein wenig darüber her. Mach eine Buttersoos mit Fleischbrüh, leg sie darein und koch sie mit unten und oben Glut. Bevor man sie anricht, verrühr 1 Eyerdotter, gieß etwas von der Soos daran und gieß es darüber her.
Hinweis: Es müssen natürlich soviel gefüllte Spinatblätter gemacht werden, daß eine Kasserolle damit gefüllt werden kann.

Milkle in der Soos (Kalbsbries)
Laß das Milkle sieden, schneide die schwarze Haut weg, röste ein Löffel voll Mehl, Zwifel, Lauch und Zeller-Wurzen (Sellerieknollen). Thu dieses in ein Kastrohl in vergangenen Butter, leg das geputzte Milkle darein, schütte Fleischbrüh, Essig und Salz daran und laß es eine Zeitlang kochen. Bevor Du es auf den Tisch gibst, so verrühr das Gelbe von 1 Ey und thu es daran. Dann thu das Milkle auf einen Teller und seihe die Soos darüber her.

Schunken - Flecke (Schinken)

Mach ein dünnes Nudelblatt, schneide große Flecke daraus und brühe sie ab; dann thu die Fleck aus dem Wasser und häng sie um den Seiher, damit sie abrinnen.Wiege gesottenes, geselchtes Schweinfleisch und Grüns, dann rühr es mit etwas sauren Rahm und Salz ab. Streiche ein Kastrohl mit Butter, überleg es mit den Flecken so, daß sie heraushängen. überstreich sie mit der Fülle, dann leg wieder Fleck darauf, dann wieder Fülle, und so, bis das Kastrohl voll ist. Decke es oben mit Fleck zu, schlag die, welche heraushängen, darüber her; leg oben ein wenig Butter darauf und bach es im Ofen oder mit unten und oben Glut. Hernach schlag es heraus. - Dieses kann auch von allem Fleisch gemacht werden.

Hinweis: Nudelfleckerl kann man fertig kaufen.

Schaaffleisch aufs Gemüs

Siede das Schaaffleisch, schneid es in Schnitten, dann streich es mit Eyer an und kehr es in Brodsamen um. Dann brathe es schön gelb wie Karminadel (Karbonaden, Schnitzel) und richt es aufs Gemüse an.

Spinath - Würstle

Nimm gekochten Spinath, rühr ihn mit Eyer, etwas süssen Rahm, Muskatnuß und Salz ab; bach Eyerflädle, füll sie damit und roll sie zusammen. Bestreich ein Kastrohl mit Butter, schütt ein wenig Milch darein, salze sie ein wenig und bach sie mit unten und oben Glut oder auch im Ofen.

Hauptspeisen - Kalbfleisch

Juden - Brathen

Schneid 1 Pfund (46 dkg) kälberne Schnitzle vom Schlegel, weiche von 1 Schildbrod das Linde in Milch ein, truk es aus, thu es darunter, auch 1/4 Pfund (12 dkg) Nierenfett, Zwifeln, Zitteronen und Petersill; wiege alles, aber nicht zu klein, rühr 1 Vierling (12 dkg) Butter ab, schlag 6 Eyer, eines nach dem andern, ein, thu das Gewiegte darein, auch Salz und Pfeffer, rühr es gut darunter. Bestreu das Wiegbreth mit Brodsamen, thu das Gewiegte darauf, formire (= forme) es wie einen Haasen-Rücken, legs in ein Kastrohl mit ein wenig Nierenfett, mit unten und oben Glut, gieß öfters Rahm daran und wenn er genug ist, so thu ihn auf eine Schüssel, thu Rahm und Zitteronen-Schelfern daran und laß ihn noch eine Weile zugedeckt dünsten.
Hinweis: Heute kauft man fertig Faschiertes, das Nierenfett fällt daher weg.

Fleisch - Amaleth (Omelett)

Wiege gebrathenes Kalbfleisch mit Schnittlauch klein, dann thu es in eine Schüssel und rühr es mit Eyer und etwas Milch ab; dann bache es in der Pfanne auf beyden Seiten gelb. Man kann auch etwas Mehl dazu nehmen.

Schnitten vom rohen Kalbfleisch (feiner Kalbshackbraten)

Löse die Haut weg, blütsche (klopfe) das Fleisch, wiege es mit Zwifel, Lauch, Knoblauch, Zellerkraut (Sellerie) und etwas Speck klein, dann rühr es mit Eyer, Milch, auch etwas Salz an. Thu es in ein mit Butter bestrichenes Kastrohl und laß es im Ofen bachen. Dann schneide Schnitten davon und leg sie auf das grüne Gemüß.
Hinweis: Faschiertes Kalbfleisch kauft man oder man treibt es selber durch einen Fleischwolf.

Gefüllte Brust

Rühr 1 Stückle Butter ab, dann rühr 1 Ey darein, weiche das Linde von einem Kreutzer Schildbrod (ein halber Schild) in die Milch, rühr es dazu, auch gebrathenes, gewiegtes Kalbfleisch, Grünes (Grünzeug) und Salz, rühr es wohl durcheinander. Dann fülle es in eine ungehakte Kalbsbrust, nähe sie zu und koche sie auf der Glut - oder im Ofen wie einen Brathen. Vor dem Einfüllen schneide von den Beinen das Fleisch auf.
Hinweis: Heute kann man die Kalbsbrust ausgelöst (von den Knochen) kaufen.

Friganto vom Kalbfleisch (Fricandeau)
Blütsche (klopfe) das Kalbfleisch, löse die Haut ab und salze es, spicke es oben mit Speck, lege das Fleisch in ein Kastrohl mit einem wohl geschlossenen Deckel. Nimm Butter und Wasser gleich viel, so, daß das Wasser über das Fleisch hergeht, laß es einkochen. Dann schütte die Fette weg, thu ein wenig Wasser oder Suppenbrüh daran und laß es einkochen, bis es unten gelb ist. Dann leg das Fleisch heraus, schütte an die Soos sauren Rahm, laß es warm werden, schütte die Soos auf eine Blatte und leg das gedämpfte Fleisch darauf so, daß das Gelbe unten auf die Blatte kömmt. Das Fleisch muß gedämpft werden, ohne daß man es umkehrt und muß oben ganz weiß bleiben.

Aufgezogenes Fleisch
Wiege gebrathenes Kalbfleisch mit Grünem und Zitteronen, rühr Butter ab, rühr Eyerdotter darein, dann rühr das Fleisch dazu, auch etwas eingeweichte Brodsamen und Salz. Schlag das Weisse zu Schnee, rühr ihn darunter, streich ein Kastrohl mit Butter, füll den Teig darein und koch es mit unten und oben Glut. Man kann auch Weinbeer darein thun.
Andere Art :
Wiege gebrathenes Kalbfleisch mit Grünem und Zitteronen; dann rühr es mit Eyer, ein wenig Milch und Brodsamen an, streich ein Kastrohl mit Butter, füll den Teig darein und koch es mit unten und oben Glut.

Gesottener Knopf von Kalbfleisch
Verrühr 1 Stück Butter, dann schlag 2 Eyer darein, feuchte Eyerbrodsame (Brösel von Zopfbrot) mit Milch an und thu sie darein; wiege gebrathenes Kalbfleisch mit Grünes, thu es auch dazu; dieses rühr eine Zeitlang, salze es, streich ein Tuch mit Butter, thu das Gerührte darein, binde es fest zusammen, doch so, daß es noch aufgehen kann, thu den Knopf in siedentes Wasser und laß ihn 1 Stunde sieden. Wenn er gesotten ist, so thu ihn auf eine Blatte, schneide ihn oben übers Kreuz, thu gelb geröstete Brodsamen darauf und unten ein wenig Suppenbrüh.

Gefülltes Herz

Röste Brodsamen im Schmalz gelb, wenn sie geröstet sind, schneide gewürfelten Speck, Grünes, Zitteronen, Nägele und Salz dazu; rühr alles in die Brodsamen, haue das Herz aus, spicke es ringsum mit Speck, dann fülle es mit der Fülle und nähe es zu.
Laß in einem Kastrohl Butter vergehen, leg das gefüllte Herz und die überbliebene Fülle, auch Zwifel, Lauch, Beter- und Zellerwurzen (Petersilienwurzeln, Sellerieknollen) und Zitteronen darein, hernach dünste es in der Fleischbrühe auf der Glut.

Gefülltes Herz von Kalbfleisch

Schneide 2 Stück Kalbfleisch, blütsche sie (klopfe), salze sie ein; wiege (zerhacke mit dem Wiegenmesser) Speck mit Grünes und Zitteronen klein, thu ihn in eine Schüssel, rühr Brodsamen und Salz darein, dann leg es auf ein Stück Fleisch, thu das andere darauf und nähe es ringsum zu und koche es wie einen Brathen.

Karminadel vom rohen Kalbfleisch (Karbonaden, faschierte Kalbsschnitzel)

Wiege rohes Kalbfleisch mit Zwifel, Lauch, Zitteronen, Neugewürz und Salz; wenn es gewiegt ist, so mache runde Karminadel, kehr sie in Brodsamen. Laß Schmalz in einer Pfanne heiß werden, leg sie darein und brathe sie auf beyden Seiten gelb.
Hinweis: Fertiges Kalbsfaschiertes verwenden.

Gefülltes Kabishopt (Weißkraut, Krautkopf)

Siede ein ganzes Kabishopt, wiege gebrathenes Kalbfleisch mit Lauch und Zellerkraut, feuchte 1 Handvoll Brodsamen mit Milch an, verrühr ein Stück Butter, schlag 1 Ey darein, rühr 2 Handvoll von dem gewiegten Kalbfleisch, die geweichten Brodsamen, 2 Löffel voll süssen Rahm, Muskatnuß und Salz; dieses rühr durcheinander. Schneide vom Hopt einen Deckel, höhle es aus und füll es mit dem Gerührten; thu den Deckel wieder darauf. Laß Butter in einem Kastrohl vergehen, röste 1 Löffel voll Mehl darein, schütt Fleischbrüh daran und laß es sieden. Leg das gefüllte Hopt darein und laß es mit unten und oben Gluth kochen. Dann leg das Hopt auf eine Blatte, verrühr 1 Eyerdotter, schütt etwas von der Soos, worin das Hopt gekocht hat, darein und schütt alles über das Hopt. - Köhl, Kohlraben und Salaath kann man auch so füllen.

Gefülltes Herz mit Spinatknopf

Fleischkräpfle im Schmalz gebachene
Wiege rohes Kalbfleisch mit Zwifeln, Lauch und Salz, dann thu es in eine Schüssel, rühre ein wenig Milch und 1 Ey daran. Nimm Mehl, 1 Stük Butter, das Gelbe von einem Ey, ein wenig Milch und Salz, mach einen Teig wie ein dickes Nudelblatt; dann füll sie mit der Fülle und mach sie wie die andern; hernach bach sie im Schmalz langsam.
Hinweis: Nudelteig ausrollen, in gleichmäßige Quadrate schneiden, die Fleischfülle hineingeben und herausbacken.

Lungen - Knopf
Wiege eine gesottene Lunge mit Gewürz und Zitteronen; röste 1 Handvoll Brodsamen mit ein wenig Butter und Speckbröckle, dann thu es zu dem Gewiegten. Hernach schlag Eyer darein und rühr es wohl durcheinander, auch Salz. Binde es in ein mit Butter bestrichenes Tuch und leg den Knopf in ein siedentes gesalzenes Wasser und laß es 1 Stund sieden; dann mach eine Soos daran.
Hinweis: Kalbslunge verwenden.

Karminadel mit Wein (Schnitzel)
Schneide Karminadel vom Schlegel, dann blütsche und salze sie ein, hernach koch sie auf der Glut mit Butter und Speckschnitten wie einen Brathen. Wenn sie auf beyden Seiten gelb sind, so schütt die Fette ab, gieß weissen Wein daran und laß ihn wieder einkochen. Dann rühr ein wenig Mehl mit Wasser an, schütt es daran und laß es noch eine Weile kochen. Dann richte sie an und seihe die Soos darüber.
Hinweis: kann auch mit Schweinefleisch gemacht werden.

Gefüllte Karminadel (Schnitzel)
Wiege rohes Kalbfleisch mit etwas Speck, Mark, Zwifel, Knoblauch, Zitteronen und Peterle-Kraut. Dann thu es in den Mörsel, thu Salz, gestoßene Nägele, Muskatnuß und 3 dünn eingerührte Eyer, dieses stoß zusammen. Schneide große Karminadel vom Schlegel, blütsche sie schön lang, dann salze sie ein; leg auf das halbe Karminadel etwas von der Fülle, die andere Hälfte überschlag und vermach sie gut; kehr sie im vergangenen Butter um, hernach im Mehl und in zerkleperten Eyerklar (zerklopftes), dann in Brodsamen; dann leg sie in warmen Butter in ein niederes Kastrohl und brate sie mit unten und oben Glut gelb. Dann schütte die Fette weg, schütt Suppenbrüh daran und laß sie einkochen. Von der übrigen Fülle kann man Würstle machen: Rühr 1 Ey darein, bestreu einen hölzernen Teller mit Mehl und schupfe das Würstle darauf; dann thu sie in siedentes Wasser und laß sie ein paar Well sieden, hernach brathe sie im Schmalz gelb.

Karminadel von saurem Rahm
Schneid Karminadel vom Schlegel, blütsche sie und salze sie ein; kehr sie im vergangenen Butter um, dann in Mehl und in zerklopften Eyerklar, dann in Brodsamen. Leg sie in warmen Butter und laß sie gelb brathen. Dann überstreich sie auf beyden Seiten mit sauren Rahm und laß sie auf der Glut brathen.

Italienisches Kalbfleisch
Schneide ein Stück vom Schlegel, löse die Haut weg und blütsche es ein wenig. Dann wiege rohen Speck, Zwifel, Lauch, Knoblauch und Petersillen-Kraut, stich Löcher in das Fleisch und füll sie mit dem Gewiegten aus; streu es mit Salz. Thu ein Stück Butter in ein Kastrohl, streue den Boden mit der Fülle und laß es auf der Glut ein wenig dämpfen. Dann leg das Fleisch ein und schütt Fleischbrüh darein und laß alles kochen wie einen Brathen. Hernach schütt die Fette weg, thu Suppenbrüh daran und laß es kochen, bis es wieder gelb ist; hernach thu Zitteronen-Saft daran.

Kalbsfüß in der Soos
Butz die Füß und siede sie lind, dann schneide die Beinle heraus, laß Butter vergehen, röste 1 Löffel voll Mehl, thu Zwifel, Lauch und Zitteronen darein, schütt Fleischbrüh daran, thu die Kalbsfüß darein, salze sie und laß es auf der Glut kochen.
Hinweis: die Knochen auslösen

Auflauf von Kalbfleisch
Wiege 1/2 Pfund (23 dkg) gebrathenes Kalbfleisch fein, weiche das Linde von 2 Kreuzer Schildbrot (1 Schild) in die Milch ein, rühr 1 Vierling (12 dkg) Butter ab, thu das Fleisch und Brod darein, schlag 7 Eyerdotter dazu und rühr es wohl durcheinander. Schlag das Weisse von 7 Eyer zu Schnee, auch ein wenig Zucker, Zitteronen und Gewürz, auch etwas Brodsamen; streiche ein Kastrohl mit Butter, thu alles darein und bache es im Ofen oder mit unten und oben Glut.

Kaiser - Schnitzle
Hacke von einem Kalbsschlegel 2 fingerbreite Schnitzle herab, ziehe das Bein von der Mitte heraus, klopfe und salze es. Thu ein Stück Butter ins Kastrohl, thu die Schnitzle darein und laß es auf einer starken Gluth hellbraun unzugedeckt dünsten. Dann gieß die Fette ab und thu sauren Rahm daran; kehre es öfters um, dann wieder Rahm. Laß den Rahm dicklecht einbrathen, und wenn man anricht, so thu die Soos drüber her seihen.

Leber in der braunen Soos

Löse die Haut von der Leber, spicke sie oben mit Speck. Thu Butter und Speckschnitten in ein Kastrohl, leg die Leber darein und dünste sie in der Fleischbrüh; thu Zwifel, Neugewürz und ganze Nägele dazu. Wenn sie gekocht ist, so mache eine braune Soos und schütt sie daran, laß sie noch eine Zeitlang auf der Glut kochen.
Hinweis: Verwende Kalbsleber. Die Leber kann auch im Rohr gedünstet werden.

Aufgezogene Lungen

Siede die Lunge, wiege sie fein, weiche für 2 Kreuzer Schildbrod (1 Schild) in die Milch; rühr 1/4 Pfund (12 dkg) Butter ab, thu die Lunge und Brod darein, schlage 10 Eyerdotter dazu, rühr 1/2 Schoppen (1,7 dl) süssen Rahm, Zitteronen, Betterlekraut und Salz dazu; dieses rühr 1/4 Stund. Streiche ein Kastrohl mit Butter, thu es darein und bach es im Ofen oder mit unten und oben Gluth.
Hinweis: Verwende Kalbslunge

Leber zu brathen

Schneide Kalbsleber zu dünnen Schnittle und laß sie in Butter, Salz und Gewürz zugedeckt dünsten; röste Brodsamen im Schmalz gelb, dann beleg den Boden von einem Kastrohl damit, hernach thu etwas von der Leber darauf, dann wieder Brodsamen und so, bis alles auf ist. Endlich drucke Zitteronensaft daran und laß es noch eine Weile dünsten.

Gebachne Lungen

Laß Milch und ein wenig Butter sieden und Salz, dann thu Mehl dazu und rühr es auf dem Feuer, bis sich von der Pfanne der Teig löst. Hernach thu ihn in eine Schüssel, rühr ihn mit Eyer ab, aber nicht zu dünn. Schneide gesottene Lunge in Schnitten, dünke sie darein und bach sie langsam im Schmalz. Von diesem Teig kann auch ein Ammaleth (Omelette) gemacht werden.

Leber - Polster

Rühr Butter ab, dann rühr 4 Eyerdotter darein, wiege die Leber fein, dann rühr sie darein; weich Brod in Milch ein, dann druck es aus, rühr es darein, auch 1 Schoppen (3,5 dl) Rahm und Salz.
Das Weisse schlag zu Schnee, rühr ihn darein, streiche ein Model mit Butter, thu 1 Netz darein, füll den Teig darein und bache es im Ofen oder mit unten und oben Glut.
Hinweis: Schweinsnetz - beim Metzger erhältlich

Gebrathene Würstle von Kalbfleisch

Nimm 3 Handvoll gebrathenes, gewigtes Kalbfleisch und 1 Hand voll Brodsamen, 3 Eyer, 2 Löffel voll sauren oder süssen Rahm und Salz; dieses rühr alles durcheinander. Streich ein niederes Kastrohl mit Butter, leg mit dem Löffel lange Würste darin (aber nicht nahe aneinander) und bach sie im Ofen, dann leg sie auf das Gemüs. Dieses kann auch ganz gebachen werden und dann in Schnitten geschnitten werden. *Hinweis: kann auch auf einem Blech gebacken werden.*

Fleisch - Würstle

Bache Amaletle (kleine Omeletten), wiege gebrathenes Kalbfleisch mit Grünem und Zitteronen klein. Laß Butter vergehen, thu ein wenig Mehl darein, dann das gewiegte Fleisch und geröstete Brodsamen; dann schütt Fleischbrüh und Salz daran. Koch es wie ein Muß, dann laß es kalt werden. Überstreich jetzt die Amaletle damit, roll sie zusammen und laß sie in der Fleischbrüh mit unten und oben Glut kochen.

Gebachne Lungen

Schneide Schnitten von gesottener Lunge, mach von Mehl, Milch, Eyer und ein Löffel voll heißes Schmalz einen Teig an, salze ihn dann dünke die Schnitten darein und bache sie im Schmalz.

Hauptspeisen - Rind

Rost - Brathen

Nimm 1 Stück Rindfleisch vom Rippstück oder Hochrücken, klopf es dünn aus, thu Salz und Gewürz darauf, kehr es im vergangenen Butter um, dann in Brodsamen und laß es auf dem Rost bachen; dann laß Butter heiß werden mit Zwifel und ein wenig Essig, dann schütt es daran.
Hinweis: Rost = Grill bzw. Grillpfanne

Lungenbrathen von Rindfleisch

Schneide von den Rippen ein Stück heraus und beitze es ein; wenn es gebeizt ist, so spicke es oben mit Speck, leg es in ein Kastrohl mit einem wohlgeschlossenen Deckel und dämpfe es in der Fleischbrüh mit Gelbruben, Better- und Zeller-Wurzen (Petersilie- und Selleriewurzen) und Zwifel, und wenn es eine Zeitlang gekocht hat, so schütte Wein daran und laß es ganz lind werden.
Mach eine braune Soos dazu :
Nimm geschnittenen Speck, Mehl und schwarze Brodsamen, röste es braun, dann schütt etwas von der Soos, die am gekochten Fleisch, daran und laß es sieden; hernach schütt es an das Fleisch und laß alles eine Zeitlang dämpfen. Endlich leg das Fleisch auf eine Blatte und seihe die Soos darüber her.

Rindfleisch zu brathen

Schneide dünne Schnittten vom magern Rindfleisch, salze sie, thu sie auf eine Blatte, leg Butter darauf und ein wenig Wasser, stell es in Ofen und laß es brathen; kehre es öfters um, und wenn es bald gebrathen ist, so thu Neugewürz, Muskatnuß und Zitteronen-Saft daran, bis es sauer ist, und laß es ganz brathen.

Grüne Rinder - Zunge

Laß Butter vergehen, dann röste ein wenig Mehl darein, thu sauren Rahm daran, leg die gesottene Zunge darein und laß sie noch kochen.

Hauptspeisen - Schwein

Karminadel (Karbonade, Schnitzel) vom Schlegel

Schneide Stückle vom Schlegel, löse die Haut weg und blütsche (klopfe) die Stückle wohl, leg sie auf einen mit Salz bestreuten Teller, schneide von Petersilwurzen lange Schnittle und steck es in die Karminadel, denn das Würzle muß ein Beinle vorstellen. Kehr die Karminadel im Mehl um, hernach dünke (tauche) sie ins Wasser oder ins Weisse von Eyer; nachdem bestreue sie mit Brodsamen und laß sie in einem Kastrohl mit Butter auf der Glut kochen, bis sie gelb sind.
Hinweis: oder in einer Pfanne backen.

Schweinene Karminadel

Schneide vom Schweinefleisch Stückle, salze sie und leg selbe in ein Kastrohl, schütt Wasser daran und laß sie auf der Glut kochen, bis sie lind sind, dann schütt die Fette davon und laß sie auf beyden Seiten gelb werden.

Karminadel zu bachen (Schnitzel)

Schneide Karminadel, blütsche und salze sie, kehr sie in Mehl um, dann in Eyer und dann in Brodsamen. Hernach bache sie langsam im Schmalz gelb. So können auch Fröschen, Fisch und Kalbsfüß gebachen werden.

Französische Würst

Schneide Speck und Schweinefleisch gewürfelt, dann thu es in eine Schüssel, thu Kümmig (Kümmel), Pfeffer, Nägele und Salz daran. Dann knette es wohl, fülle es in die Därm, dann salze sie ein, hernach räuche sie. Siede sie bei Bedarf in der Gerstensuppe.
Hinweis: Wenn grünes Bauchfleisch eingepökelt wird, muß man auch die Würste einpökeln.

Schunken (Schinken) zu zieren

Wenn der Schunken gesotten ist, so löse die Haut weg, überschütt ihn 3mahl mit der schweinenen Sulz und laß sie jedesmahl daran stocken. Verschlag die gestockte Sulz mit einem Messer. Dann leg schiefe Streifle über den Schunken, leg zwischen jeden Streif Blättle von rothen Randig, ein wenig Petterle-Kraut (Petersilie), runde Zitteronen-Blättle (Zitronenscheiben), um den Schunken Peterlekraut und unten am Schunken ein geschnittenes Papier zum Heben.
Hinweis: Dieses Rezept ist ein Vorschlag, wie ein ganzer gekochter Schinken schön angerichtet werden kann.

Schunken (Schinken) zu bachen

Mach vom schwarzen Mehl (Roggenmehl) einen Teig, wahl ihn dick aus, streu ihn mit Salz; binde den Schunken darein und thu ihn in eine Brathpfanne. Thu ihn nach dem Brodbacken in Ofen und laß ihn 3 oder 4 Stund brathen.

Brath - Würstle

Wiege rohes Schweinefleisch und Speck mit Zitteronen, Knoblauch, Pfeffer, gestossene Nägele und Salz fein, dann thu es in eine Schüssel, schütt ein wenig Wasser daran und mach es durcheinander. Mach von Tuch einen kleinen Darm, füll ihn mit dem gemachten Breeth (Bret) aus, dann streiche ihn in heisses Wasser aus, das in einer Pfanne seyn muß. Wenn alle gemacht sind, so stell die Würstle auf das Feuer und laß sie einen Wall sieden. Dann seihe sie aus dem Wasser, leg sie in heißes Schmalz und brathe sie. Diese können auch in Därm gefüllt werden und hernach gebrathen.

Schweinene Füß

Wenn die Füß lind (weich) gesotten sind, so schneide die Bein (Knochen) heraus, bestreu das Fleisch mit Salz, kehr es im vergangenen Butter um und dann in Brodsamen und laß es im Butter in einem Kastrohl gelb werden. Diese können auch auf dem Rost gebrathen werden.

Hauptspeisen - Geflügel

Wilde Enten

Butze die Ente, nimm sie aus und beitze sie ein. Wenn sie gebeitzt ist, so spicke sie mit Speck und brathe sie im Ofen, oder sie kann auch gedämpft werden wie das Wildbreth; dann kann eine braune oder Hagenbutzen-Soos daran gemacht werden. Wenn man grünes Schweinfleisch siedet, so kann auch eine Hagenbutzen-Soos daran gemacht werden.

Wilde Enten

Mach Schmalz heiß, thu die Enten samt gelben Ruben, Petersill-Wurzen und Zwifel darein und laß sie dämpfen. Brenne eine braune Soos, gieß halb Wasser und Wein daran; die Leber wiege (zerhacke), thu sie darein. Laß sie eine Weile kochen, dann seihe die Soos an die Ente.

Fülle in Hühner

Verrühr Eyerdotter mit etwas süssem Rahm, Schnittlauch und Salz, füll sie zwischen Haut und Fleisch und brathe sie. So füllt man auch die Tauben.

Andere Art :

Wiege (zerkleinere) die Leber, weich Brodsamen in Milch ein, druck sie aus und rühr sie dazu und salze sie.

Gebachne Hühner

Butze die Hühner, schneide sie in Theile, salze sie ein, kehr sie in Eyer, Mehl, dann in Brodsamen um und bache sie langsam im Schmalz.

Hühner in der Soos

Butze die Hühner, schneide sie in Theile, laß in einem Kastrohl Butter vergehen, thu ein wenig Mehl darein, schütte Suppenbrüh oder Wasser daran, auch weissen Wein, Zitteronen-Saft, 1 ganze Zwifel, Gewürz und Saffran; leg die Hühner darein, salze sie und laß sie kochen.

Verdeckte Hühnlein oder Tauben

Siede die Hühnlein im Wein, Fleischbrüh, Zitteronen, Zwifel, ganze Nägele und Mußkatnuß lind, dann leg sie heraus, mach einen geriebenen Butterteig mit Eyergelb, kehre die Hühnlein mit dem Teig im Mehl um und bach sie im Schmalz.

Hinweis: Die Hühnlein oder Tauben müssen enthäutet werden

Fülle in einen Indian (Truthahn)
Wiege die Leber mit Betterle-Kraut (Petersilie) und Zitteronen; verrühre ein Stück Butter, hernach schlag 2 Eyer und 2 Handvoll aufgeweichte Brodsamen darein, rühr dieses durcheinander, dann thu das Gewiegte und Salz darein und 2 Löffel voll sauren und 2 Löffel voll süssen Rahm. Die Fülle schütt dem Indian beym Kropf hinein und neye (nähe) ihn zu. Leg auf den Indian Speckschnitten, überschlag ihn mit einem Netz, binde ihn in ein mit Butter bestrichenes Papier und bach ihn im Ofen. - Diese Fülle kann zu allem Geflügel gebraucht werden.

Kapaunen (Masthahn) zu brathen
Wenn der Kapaun gebutzt und ausgenommen ist, so streiche ein Papier dick mit Butter, binde den Kapaunen mit etwas Speckschnitten darein und laß ihn im Ofen oder auf der Glut braten.

Gans - Leber
Streich ein weisses Papier mit Butter, leg es in ein Reinle, bestreu die Leber mit Brodsamen, leg ein wenig Butter darauf und dünste sie mit unten und oben Glut. Man kann auch die Leber mit Speck spicken und mit Zitteronen-Saft beträufen. Die Kalbs-Leber kann auch so gemacht werden.

Schnepf zu brathen
Brupfe (rupfe) den Schnepf, nimm ihn aus und spicke ihn mit Spek; dann salze ihn ein, binde ihn in ein mit Butter bestrichenes Papier, leg ihn in ein Kastrohl, thu Butter und Wasser darein und brathe ihn im Ofen.

Spillhahn (Spielhahn, Birkhahn)
Brupfe (rupfe) den Hahn bis auf den Kopf, schneide ihn weg. Nimm den Hahn aus und wasche ihn sauber, dann beitze ihn mit siedentem Essig, und wenn er gebeitzt ist, so spicke ihn mit Speck, salze ihn ein und binde ihn in ein mit Butter bestrichenes Papier. Thu ihn in eine Brathpfanne, schütt ein wenig Wasser daran, auch Butter, und brathe ihn im Ofen. Nach diesem spißle (mit Holzstäbchen befestigen) den Kopf wieder darauf.

Schneehuhn
Rupfe das Huhn bis auf den Kopf und die Füß, thu es in ein kleines Geschirr, laß den Kopf und Füß heraushangen und schütt eine Beitze daran. Wenn es gebeizt ist, so streich ein Papier mit Butter, binde das Hühnlein mit Speckschnitten darein, schütt Suppenbrüh daran und laß es im Ofen oder auf dem Feuer brathen. Dieses soll mit dem Kopf und Füß auf den Tisch gebracht werden.

Eingemachte Tauben

Thu Butter und Speckschnitten in ein Kastrohl, dann die verschnittenen Tauben, auch Lauch, Zwifel, Gelbruben, Peter- und Zellerwurzen (Petersil- und Selleriewurzen), gestossene Nägele und Salz; dann schütt Suppenbrüh daran und laß alles lind kochen. Dann thu etwas Wein daran und wenn sie lind sind, so rühr 1 Löffel voll Mehl mit Wasser an und schütt es daran und laß sie kochen, bis die Soos gelb wird. Man kann auch etwas Brathensoos daran thun. Diese Tauben können auch in einer Butterpastete (Blätterteigpastete) gebraucht werden.

Tauben in der braunen Soos

Schneide die Tauben in 4 Theil, leg sie in ein Kastrohl, gieß 1 Glas Wein dazu, leg Zwifel und Speckschnitten dazu und laß es eine Zeitlang kochen. Röste Mehl und schwarze Brodsamen im Schmalz und Speck; wenn es gelb ist, rühr ein wenig Zucker dazu und röste es braun. Dann schütt Fleischbrüh daran, auch gestossene Nägele, Pfeffer, Zitteronen, Lorbeerblätter und Salz, hernach laß es sieden; dann schütt es an die Tauben und laß sie kochen.

Hinweis: Vor dem Anrichten die Sauce abseihen.

Vögel

Wenn die Vögel gepuzt und ausgenommen sind, so streu sie mit Salz, leg sie mit Butter und Wasser in ein Kastrohl und laß sie dünsten. Wenn sie gelb sind, so schütt ein wenig Suppenbrüh daran. Hernach röste Brodsamen im Schmalz und thu sie daran. Man kann auch Brathensoos dazu nehmen.

Hauptspeisen - Wild

Vasanen (Fasanen)

Spicke die Vasanen unten mit Speck, binde sie in Papier ein und bach sie im Ofen. Diese gehören zum Sauerkraut. Wenn man keine Vasanen hat, so nimm Kapaunen, schneide die Köpf ab, putze sie, nimm sie aus, beitze sie ein mit siedenten rothen Wein und Pfeffer, Nägele und Lorbeerblätter, färbe den Schnabel schwarz und die Ohren roth. Bevor man die Vögel auf den Tisch gibt, so soll man den Kopf (samt den Federn) aufsetzen. Die Rebhühner müssen unten auch mit Speck gespickt werden.

Auerhahn zu braten

Rupf den Hahn bis auf den Kopf, wasche ihn ohne den Kopf naß zu machen, nimm ihn aus, wasche ihn mit Wein und Essig aus, bestreu ihn inwendig mit Pfeffer, Nägele (= Gewürznelken) und Salz und leg ihn auf die Brust in ein Geschier. Wenn er alt ist, so wird scharfer Essig, ist er jung, halb Wein und Essig darauf gegossen und zugedeckt. Dieses laß 24 Stund daran stehen.Dann wird er aus diesem herausgewaschen, das Herz, Leber, Magen, 1/2 Vierling (= ca. 6 dkg) frischen Speck und Zitteronen fein gewiegt, dann mit etlichen Eyer, ein wenig Mehl und Salz abgerührt und der Hahn damit gefüllt, zugenäht, gespickt oder mit Speck eingebunden, den Kopf in Papier gewickelt, und gebrathen. Thu etwas Zitteronen-Saft oder Weinessig daran. Wenn man ihn aufträgt, so bestreue ihn mit langlecht geschnittenen Zitteronen. So werden auch die Schneehühner gebrathen.
Hinweis: Früher wurde der Kopf als Dekorationsstück verwendet; heute wird man ihn vor dem Braten entfernen.

Beitze zu Wildschwein

Wasche das Wildschwein, dann siede es im Wasser, (gib daran) weissen Wein und Essig, thu auch Zwifel, Lauch, Betterle (Petersilie), Zellerwurzen (Sellerieknollen), Gelberuben, gestoßene Nägele (Nelkenpulver), Pfeffer, Muskatnuß, Wachholderbeer, Lorbeerblätter und Salz dazu. Unterm Sieden verschäume es, und wenn es lind ist, so kann man es in der Beitze liegen lassen. Wenn man es aufträgt, schütte die Beitze ab und mach eine braune Soos oder Hagenbutzen-Soos daran.
Hinweis: Verschäumen = den Schaum mit einer Lochkelle abschöpfen.

Haasen zu dämpfen

Wenn der Haas gebeizt ist, so schütt die Beitze davon, thu ihn in ein Kastrohl, leg Zwifel, Gelberuben, Betterle (Petersilie) und Zeller-Wurzen (Sellerie), auch Speck dazu und laß ihn auf der Glut dünsten, bis die Soos gelb ist. Schütt Wasser oder Suppenbrüh, auch Wein, daran, und wenn er genug gedämpft ist, nimm ein wenig Mehl, rührs mit Wasser an und schütt es daran. Bevor Du den Haasen aufträgst, seihe die Soos.

Hauptspeisen - Fisch

Blätter - Eyerspeis

Siede 6 Eyer hart, wiege sie nebst 1 Kreuzer Schildbrot (1halber Schild), Bettersillen (Petersilie), Krebs-Schweifel (Krebsschwänze) und gezupte Hächt (abgeschuppte Hechte) oder andere Fisch klein, rühr 1/4 Pfund (12 dkg) Krebsbutter ab, thu das Gewiegte darein, schlag 4 Eyer, eins nach dem andern dazu, etwas sauren Rahm, Semmel-Brodsamen und Salz, rühr es wohl untereinander.
Bache Eyerflädlein, schmiere ein Kastrohl mit Butter, begieße ihn mit Rahm und bestreiche den Boden mit dem Abgerührten. Dann lege ein Blättlein (von den Fladen) darauf und wieder von dem Abgerührten und so fort, bis es auf (fertig) ist. Dann koche es mit unten und oben Glut.

Fröschen in der Buttersoos

Thu Butter in ein Kastrohl, dann die Fröschen mit Zwifel, Lauch, Zitteronen und Salz; streu ein wenig Mehl darauf und laß sie auf der Glut kochen. Diese können auch in einem abgerührten Pastetle gebraucht werden.
Hinweis: Bei uns kommen keine Frösche mehr auf den Tisch: dieses Rezept und die folgenden sind nur der Vollständigkeit halber angeführt.

Blau abgesottene Hecht

Butze die Hecht, reibe sie mit Salz ein, nimm Wein und Essig mit geschnittenen Zwifel, Peterle und Zellerwurzen (Sellerie) und ganze Nägele; dann thu die Fisch darein, decke sie zu und laß sie sieden.
So können auch Forellen gemacht werden.

Gebachne Fröschen

Butze die Fröschen und wasche sie, steck dieselben zusammen und salze sie, dann kehr sie in Mehl um, dann in Eyer, dann in Brodsamen und bach sie im Schmalz.

Gebachne Fröschen

Mach einen brühten Teig, rühr ihn mit Eyer dünn ab, laß Schmalz heiß werden, drücke die Frösch in den Teig und bache sie langsam schön gelb und leg sie auf Brodschnitten. Von dem Teig kann man auch gesottene Lunge in Schnitten schneiden und dunken (tunken), dann langsam im Schmalz bachen, auch ein Amaleth machen und Kratzete (Eierschmarren).
Hinweis: Brühteig = Palatschinkenteig

Blau abgesottene Forelle

Geröste(te) Fröschen
Wasche die Fröschen, salze sie, thu geschnittenen Zwifel und Zitteronen dazu, bestreu sie mit ein wenig Mehl und einer Handvoll Brodsamen; dann laß Schmalz heiß werden und röste sie darein.

Aufgezogene Fisch
Löse aus 7 kleinen rauhen Fisch und 1/2 Häring die Haut und Gräth; dann wiege (zerkleinere) sie mit Betterlekraut (Petersilie) und Zitteronen klein, dann thu es in eine Schüssel, rühr es mit etwas süssem Rahm und ein wenig Milch ab. Rühr 1/4 Pfund (= 12 dkg) Butter ab, rühr 7 Eyerdotter, eins nach dem andern, darein, dann die gewiegten Fisch und Salz. Schlag von 5 Eyerweiß ein Schnee, weiche um 1 - Kreuzer-Schildbrot (ein halber Schild) das Linde in die Milch ein, druck es aus und rühr es darein; dann lummere den Schnee darein, überzieh ein Model mit Butterteig, füll es darein und bach es im Ofen.
Hinweis: Verschiedene Fischfilets verwenden.

Gebachne Forellen
Mach hinten an der Forelle ein Schnittle, thu die Schnore darein und stecke ein Hölzle durch; reibe sie mit Salz ein, kehre sie im Mehl um, dann in Eyer, dann in Brodsamen und bache sie hernach im Schmalz gelb.
Hinweis: Das Fischmaul wird in das Schnittle gesteckt und mit einem Holzstiftchen befestigt.

Gebachne Häring
Leg die Häring in das Wasser, dann laß sie wieder austrocknen, hernach blütsche sie ein wenig, heutle (häute) sie ab, schneide sie in 3 Stück, kehr sie in Mehl um, dann in Eyer, dann in Brodsamen und bache sie im Schmalz schön gelb.

Gangfischle (Renkenart, Bodenseefisch)
Wenn diese gepuzt und ausgenommen sind, so kehre sie im Butter um und brathe sie auf dem Rost; hernach mach eine Rahm- oder Butter- Soos daran.

Karpfen
Wiege Zwibeln und Betterle-Kraut miteinander, thu Butter in ein Kastrohl, bestreu es mit dem Gewiegten und leg den Karpfen darein, bestreu ihn wieder; nimm auch ein wenig sauren Rahm und Salz und koche ihn mit unten und oben Glut.
Hinweis: im Rohr braten

Kapuziner - Stockfisch

Laß Schmalz heiß werden, röste Brodsamen gelb und wenn sie geröstet sind, so nimm Petersillen-Kraut dazu und röste es durcheinander. Thu auch Imper (Ingwer), Pfeffer und Mußkatnuß dazu. Schneide die geweichten Stockfisch in Stückle, bestreiche ein Kastrohl mit Butter, leg etwas von dem Geröste(te)n darein, leg die Stockfisch darauf und bestreue sie wieder. Dann schütt etwas von gesottener Erbsenbrüh daran und laß sie auf der Glut langsam kochen. Wenn man will, so kann man oben auch ein wenig Glut darauf thun. Salze sie aber erst dann, wenn Du sie bald anrichten willst.

Gefülltes Sauerkraut

Streich ein Kastrohl mit Butter, thu etwas sauren Rahm daran; dann leg gekochtes Sauerkraut darein, dann geschnittene Häring (gesalzene Heringe), wieder Sauerkraut, dann sauren Rahm und so fort, bis das Kastrohl voll ist. Oben bestreu es mit Brodsamen und bache es im Ofen. Dieses kann auch mit gekochtem Fisch oder gekochtem Wildbreth gemacht werden.

Beilagen

Brokele - Kraut (Brokkoli)
Brühe es, kühle es ab, dann wiege (zerkleinere) es, laß Butter vergehen, thu geschnittenen Zwifel und ein wenig Mehl darein, röste es ein wenig, thu das gewiegte Kraut darein, schütt Milch daran und Salz und laß es kochen.

Grüne Bohnen im Rahm
Siede die Bohnen, dann kühle sie ab, laß Butter vergehen, dann röste ein wenig Mehl darein, thu die Bohnen hinein, schütt süssen Rahm daran und laß sie auf der Glut kochen. Lese die Spitzölen (= Bohnen) ab, bevor sie halben verwelken.

Erdäpfel in der Buttersoos
Thu Butter in ein Kastrohl, Zwifel, Knoblauch, Lauch und 1 Löffel voll Mehl, röste es ein wenig; dann thu die gesottenen, geschnittenen Erdäpfel darein, schütt Fleischbrüh daran und laß es auf der Glut aufkochen, bis sie unten gelb sind.

Auflauf von Erdäpfel
Siede 3 Erdäpfel, schele sie und stoß sie mit 1 Stück Butter und Salz; dann rühr sie mit 3 Eyerdotter und etwas süssen Rahm ab, nimm Zucker nach Belieben, schlag das Weisse zu Schnee, lummere ihn darein; streich ein Kastrohl mit Butter, füll den Teig darein und koch es mit unten und oben Glut oder im Ofen.
Hinweis: Für die Kartoffeln verwendet man heute ein Passiergerät.

Verrührte Eyer mit Sparglen
Schneide das Vordere von den Sparglen zu Stückle und siede es im gesalzenen Wasser lind. Dann schütt es ab, verrühr Eyer in einer Pfanne, thu Schnittlauch, Salz und ein wenig Milch daran und die Sparglen. Dann rühr es auf dem Feuer, bis es dicklecht wird, dann richt es an.
So kann man auch Karviol und grüne Erbsen dazu nehmen.

Aufgezogene Erdäpfel
Siede Erdäpfel, dann schele sie warm und stoß sie im Mörschel (Mörser) recht fein; zu 3 Erdäpfel nimm 1 Ey groß Butter und so fort, bis man genug hat. Dann thu alles in eine Schüssel und rühr es mit Eyer ab. Wenn man will, kann anstatt Salz Zucker genommen werden. Dann streiche ein Model mit Butter, füll es darein und thu es gleich in Ofen.
Hinweis: Mörser = durchpassieren

Fasten - Knedel
Schneide gewürfeltes Schildbrod, weiche einen Teil in die Milch ein, den andern Theil röste im Schmalz gelb mit gewiegtem Grünen; nachdem verrühr in einer Schüssel Eyer mit etwas Milch und thu das geröstete Brod darein, das in der Milch druck aus und auch dazu, rühr es wohl durcheinander und mach sie in ein siedentes gesalzenes Wasser.

Gesottener Knopf
Schneide die Rinde von 2-Kreuzer-Schildbrot (ein ganzer Schild) und weiche es in die Milch ein; rühr 1 Ey groß Butter ab, druck das geweichte Brod aus, rühr es in den Butter, wie auch 1 Ey, Grünes und Salz. Streiche ein Thuch mit Butter, thu es darein und binde es so zusammen, daß es noch aufgehen kann. Leg den Knopf in ein siedentes gesalzenes Wasser und laß ihn 1 Stunde sieden. Und wenn er gesotten ist, so schneide Schnitten daraus, leg sie auf eine Blatte, röste Brodsamen gelb und thu sie darauf. Die Schnitten können auch in einer Buttersoos oder von Eyerbrod gemacht werden.
Hinweis: Die Masse wie bei einem Serviettenknödel als lange, dicke Wurst in ein Tuch einbinden und dann kochen.

Spinath - Knopf
Laß 1 Stückle Butter vergehen, dann rühr Mehl darein, und zwar soviel, als der Butter schlucken mag. Dann laß es ein wenig dünsten, schütt 1 Schaale Milch daran, auch Salz, und laß sie daran dünsten, bis der Butter obenauf schwimmt. Dann thu es in eine Schüssel, rühr es ab, bis es ganz weiß ist. Dann rühr 5 Löffel voll gekochten Spinath darein, hernach rühr 5 Eyerdotter, eins nach dem andern, darein, schlag das Weisse zu Schnee, lummere ihn darein und füll es in ein mit Butter bestrichenes Reinle; stell es in siedentes Wasser, thu Glut darunter, daß das Wasser immer siedet und oben nur ein wenig. Laß es ganz auskochen, dann schlag es heraus.
Hinweis: 1 Stückle Butter = Butter nach Belieben; gekochter Spinat = passierter Spinat.

Erdäpfel - Muß
Verdrucke oder reibe gesottene Erdäpfel. Laß in einem Kastrohl Butter vergehen, thu ein wenig Mehl darein und rühr es um. Dann thu die Erdäpfel darein, schütte süssen Rahm daran, salze es und laß es auf der Glut kochen. Man kann auch rohe geriebene Erdäpfel nehmen und kochen wie das obere, nur ein paar Eyerdotter dazu und länger kochen.

Knöpfle vom sauren Rahm
Nimm Mehl, 2 Eyer und Salz, mach mit saurem Rahm einen Teig an wie bey Knöpfle; laß Milch und Butter mit ein wenig Salz sieden, mach sie mit der Knöpfle-Pfanne in die Milch und laß es auf der Glut einkochen.

Gebachne Milch
Laß Zucker in einem Pfännele mit Wasser vergehen und laß es auf dem Feuer, bis er braun ist; dann schütt ihn in ein Reinle, laß ihn rings um das Reinle gehen, da er noch warm ist. Verrühr 4 Eyerdotter mit 1/2 Schoppen (ca. 1,7 dl) Milch, dann schütt sie in das Reinle; stell das Reinle in frisches Wasser, thu Glut darunter, daß das Wasser immer siedet, oben aber nur ein wenig, und wenn es ganz gestanden ist, so schlag es heraus. Dies kann zu gebrathenem Geflügel oder Brathen gegeben werden.
Hinweis: Das Reinle muß innen mit dem karamelisierten Zucker ausgekleidet sein. Im Wasserbad dünsten lassen, bis es fest wird.

Erbsenmuß
Siede Erbsen im Wasser lind, dann drucke sie durch eine Seihe; hernach laß Butter vergehen, röste 1/2 Löffel voll Mehl darein, schütt die durchgetriebene Erbsen darein, auch Salz und Mußkatnuß, hernach laß es sieden. Dieses kann zu Fleisch gegeben werden.

Gekochte Rettig
Schneide die Rettig geblättlet, thu sie in ein Kastrohl und dünste sie auf der Glut; schütt das Wasser, das sie ziehen, beständig weg. Thu etwas Kohlraben-Blätter daran, auch ein wenig Suppenbrüh und laß sie lind kochen; hernach koche sie wie Kohlraben.

Gelbe Ruben
Röste 1 Löffel voll gestossenen Zucker in einem Kastrohl gelb, thu die gelben Rüben und ein wenig Butter darein, streu ein wenig Mehl darauf, schütt Fleischbrüh daran und laß sie kochen.

Sparglen in der Buttersoos
Wasche die Sparglen, binde sie zusammen und siede sie im Salzwasser. Laß ein wenig Butter in einem Kastrohl vergehen, thu ein wenig Mehl darein und rühr es um; dann schütt Fleischbrüh daran und laß es auf der Glut sieden. Dann leg die Sparglen darein und laß sie eine Weile kochen. Bevor man sie anricht, verrühr 1 Eyergelb, gieß etwas von der Soos daran, leg die Sparglen zierlich auf eine Blatte und schütt die Soos darüber her.

Karaffe

Schwarzwurzen mit Rahm
Siede die Schwarzwurzen im Salzwasser weich, dann schütt es ab und thu süssen Rahm und Muskatnuß daran.
Hinweis: Frische Schwarzwurzen müssen zuerst geschält werden. Heute bekommt man sie in Dosen oder tiefgefroren.

Schwarzwurzen in der Buttersoos
Schele die Wurzen, schneide sie mitten abeinander und leg sie gleich in kaltes Wasser, daß sie nicht roth werden; hernach laß sie im gesalzenen Wasser sieden.
Soos dazu :
Laß Butter vergehen, röste ein wenig Mehl und Lauch, schütt Wasser, Wein oder Essig und Salz dazu, thu die gesottenen Wurzen darein und laß es kochen.

Brockele - Sparglen (Brokkoli-Spargel)
Nimm die Stängele von Brockele-Kraut, schele sie, binde sie zusammen und siede sie im Salzwasser. Dann leg sie heraus, mach eine dünne Buttersoos mit Fleischbrüh und schütt sie daran.

Sparglen in der Milch
Siede die Sparglen im Salzwasser, laß in einem Eyerkastrohl Butter vergehen, thu ein wenig Mehl darein, schütt Milch daran und laß es auf der Glut sieden. Dann leg die Sparglen darein und laß sie auch sieden.

Gefüllten Spinath
Wasche schöne Spinathblätter, salze sie, schütt siedentes Wasser daran, deck sie zu und laß sie eine Weile stehen; dann schütt das Wasser ab und kühl sie ab und leg die Blätter voneinander. Mach eingerührte Eyer, füll die Blätter damit, roll sie zusammen, leg sie in vergangenen Butter, streu ein wenig Mehl und Salz darauf und laß sie eine Weile dünsten; dann schütt ein wenig Milch daran und laß sie wieder einkochen.

Spinath - Strüdele
Koche Spinath, dann laß ihn kalt werden und rühr ihn mit Eyer und süssen Rahm ab. Mach einen Strudelteig, ziehe mehrere kleine Fleckle aus, überstreich sie mit dem Spinath, roll sie zusammen, leg sie in ein mit Butter bestrichenes Reinle, streich sie oben mit Butter an und laß sie im Ofen ein wenig anziehen; dann schütt Milch daran und laß sie kochen. Diese können auch mit unten und oben Gluth kochen.

Silberbesteck der Nenzinger Kreuzwirtin Anna M. Greber, geb. Bertsch

Pikante Saucen

Kreh (Kren)

Stosse (reibe) den Kreh mit Zucker, dann thu ihn auf eine Blatte oder besser in eine Schaale, schütte sauren Rahm und ein wenig Essig daran, hernach gieb ihn so zu Tisch.

Kreh (Kren)

Stosse den Kreh mit Zucker, laß Milch, Zucker und ein wenig Butter heiß werden, thu den Kreh darein und laß es eine Weile kochen.
Hinweis: wird zu Tafelspitz gereicht.

Zucker - Krem

Thu 1/2 Vierling (6 dkg) Zucker in eine eiserne Pfanne, schütt ein wenig Wasser daran und laß ihn kochen, bis er braun ist. Hernach schütt 1 Schoppen (3,5 dl) süssen Rahm daran und laß es sieden, bis der Zucker aufgelöst ist. Dann schütt es in eine Schüssel und laß es kalt werden. Verrühr 7 Eyerdotter mit 1 Kaffeelöffel voll Mehl, dann rühr das Verkaltete darein, schütt es wieder in die Pfanne und rühr es auf dem Feuer, bis es zu dicken anfängt. Dann füll es in die Blatte und trag es warm zu etwas Gebrathenem auf.

Krebs - Butter

Stosse die Krebs (= Krebsschalen), laß Butter vergehen, thu die gestossenen Krebs darein, salze sie, decke sie zu und laß sie auf der Glut dünsten; dann drucke alles durch ein Tuch oder Seiher. Zu 12 großen Krebs nimmt man 1 Vierling (12 dkg) Butter.

Mandel - Kreh (Kren)

Schneide den Kreh blattlecht, stosse ihn mit Zucker, kehr ein Stückle Butter in Mehl um, thu ihn in ein Kastrohl, schütt Milch daran und laß sie sieden. Dann thu geschelte, gestossene Mandel darein und laß sie eine Weile kochen, dann thu den Kreh darein und laß es noch kochen.
Hinweis: Der Kren kann auch gerieben werden. Zu Tafelspitz servieren.

Zitteronen - Soos

Rühr 1 Löffel voll Mehl mit 2 Eyer und 5 Dotter an, rühr 1 Schoppen (3,5 dl) Wein und ebensoviel Wasser daran, auch klein geschnittene Zitteronen und Saft, auch Zucker nach Belieben; dieses rühr auf dem Feuer, bis es sieden will. Dann kann man die Soos zu den gesottenen Knöpf brauchen.

Brodsoos zum Rindfleisch
Röste ein wenig Brodsamen in Butter, dann schütt Fleischbrüh und Essig daran und laß sie sieden. Hernach thu Saffran daran, bis sie gelb ist.
Hinweis: Die Sauce muß vor dem Anrichten durchgesiebt werden.

Pferscher Mehl (Bechamelsoße)
Nimm 1 Stück Kalbfleisch, gelbe Ruben, Petersill und 2 Schampian (Champignon), schneide alles zusammen würflicht, röste dieses alles im Butter, thu 2 Löffel voll Mehl dazu und 1/2 Schoppen (ca. 1,7 dl) Rahm und koch es solang, bis es wie ein Kindsmuß ist, rühr es immer, damit es nicht ankocht. Wenn es ganz dick ist, schütte 2 Löffel voll Fleischbrüh daran und laß es wieder dick kochen. Dann seihe es durch ein Tuch oder Seiher und mach damit, was Du willst !

Guten Senft (Senf) zu machen
Zu 1/2 Maaß (ca. 7 dl) guten Senft (Senfmehl) wiege 1 Zitterone klein, 1/2 Loth (15 g) gestossene Nägele, zimmlich viel Muskatnuß, 1/4 Löffel voll Salz und 1 Löffel voll gewiegte Scharlotten (Schalotten); dieses feuchte mit warmem Wasser an, dann thu 1 Löffel voll Öhl daran und rühr es 1/2 Stund lang. Lösche 1/2 Maaß (ca. 7 dl) Weinessig mit einem glühenden Eisen ab und gieße es daran; dann verbinde es gut.
Hinweis: Den Weinessig kurz aufkochen lassen.

Senft (Senf)
Nimm gestossenes Senftmehl, hernach schütt siedenten Wein und Zucker daran; laß dieses 13 Tag im Keller stehen, dann behalt ihn auf, wo Du willst.

Braune Soos an Karpfen
Nimm schwarze Brodsamen und 2 Löffel voll Mehl, röst es braun; wenn es bald geröst ist, thu Zwifel, Lauch, Peter- und Zellerwurzen (Petersilwurzen und Sellerieknollen), auch etwas Zucker und gestossene Nägele dazu. Röst alles noch ein wenig. Dann schütt Wasser und Wein oder Essig daran; dann schütt es an die Karpfen und laß es in einem Kastrohl sieden. Bevor man es auf den Tisch gibt, muß die Soos gesiehen werden.

Grüne Soos zum Rindfleisch
Wiege Peterlekraut, Lauch oder Schnittlauch, laß in einem Kastrohl Butter vergehen, thu das Gewiegte darein, bestreu es mit etwas Mehl und Salz. Verdruck von hartgesottenen Eyer die Dotter, aber höchstens 1 1/2 oder 2, rühr sie darein, schütte etwas Suppenbrüh und Essig daran und laß es kochen.

Rahmsoos zum Rindfleisch
Röste ein wenig Butter und ein wenig Mehl, thu sauren Rahm dazu und laß es sieden. Nimm die Soos vom Brathen dazu und laß alles sieden.

Weinsoos zum Rindfleisch
Laß Schmalz heiß werden, röste 1/2 Löffel voll Mehl ein wenig, dann thu Brodsamen darein und Zucker und röste es, bis es ganz gelb ist. Dann schütt weissen Wein daran und Salz, schütt sie in ein Kastrohl, laß sie auf der Glut sieden und thu noch ein wenig Suppenbrüh daran.

Wein - Sulz
Reibe Zucker an Zitteronen ab, stoß ihn, verrühr ihn mit 6 Eyergelb; dann schütt 1 Schoppen (3,5 dl) weissen Wein daran und strudle es bey der Glut, bis es schäumt; dann richt es an und laß es stehen. Dieses kannst Du zu einem Brathen oder Geflügel auftragen.

Erdäpfel - Soos zum Rindfleisch
Reibe gesottene Erdäpfel, laß in einem Kastrohl Butter vergehen, dann thu klein geschnittene Zwifel darein und die Erdäpfel. Schütt Suppenbrüh daran und laß es kochen, hernach thu Essig daran, auch Saffran oder verrühr das Gelbe von 1 Ey.

Zitteronen - Soos zum Wildbräth
Schneide schwarze Brodschnitten, bähe sie braun, dann siede sie im Wein, hernach seihe sie durch eine Seihe, thu Zucker, Muskatnuß, Nägele, Pfeffer und Zitteronensaft dazu, und wenn sie dick ist, so schütt noch Wein dazu.

Grüne Mandel - Soos
Schele 2 Handvoll Mandel und stoß sie fein, schütt 1 1/2 Schoppen (1/2 l) Milch daran und rühr es im Mörschel durcheinander, dann drück es durch ein Tuch; stoß die Mandeln wieder, schütt die Milch wieder daran und druck sie durch. Thu Zucker und ein wenig Mehl in eine gelbe Pfanne, rühr es mit der Milch an; dann stell es auf das Feuer und rühr es immer, bis es sieden will. Dann thu 2 Löffel voll Spinathsaft darein und schütt sie an einen Butter-Knopf.

Weichseln - Saft
Stoß 1 Pfund (46 dkg) Weichseln, dann thu sie in ein großes Glas, schütt 1 Maaß (1,3 l) guten Wein daran und laß es 14 Tag an der Sonne stehen; dann laß es durch einen Papier-Scharmützel (Papiertüte, Filter) ablaufen. Dieses wird zu den braunen Soosen gebraucht.

Süße Saucen

Kerschen - Soos

Stoß schwarze Kerschen mit den Steinen, dann siede sie im rothen Wein und etwas Wasser 1 Stunde, dann mach ein braunes Sösle (Karamel-Sauce) daran, Zucker und Zimmet, laß es noch eine Weile sieden. Dann seihe sie durch einen engen Seiher, bestreu sie mit klein geschnittenen Zitteronen und trag sie zu Torten oder Knopf auf.

Mandel - Milch

Nimm 4 Loth (12 dkg) geschelte, fein gestossene Mandel, Zucker nach Belieben, rühr 1 Schoppen (3,5 dl) Wasser unter dem Stossen nach und nach an die Mandel, dann drucke es durch ein Tuch.

Soos an Mandeltorte

Laß süssen Rahm mit Butter heiß werden, verrühr 2 Eyerdotter, schütt den heissen Rahm und etwas Kerschenwasser daran, strudle es bey der Wärme, dann schütt es über die geschnittene Torte. Die Soos kann auch zu allen andern Torten gebraucht werden.

alte Pfundgewichte

Wein - Soos
Verrühr 4 Eyerdotter, dann schütt 1 Schoppen (3,5 dl) weissen Wein, 1 Stück Zimmet, Zucker und klein geschnittenen Zitteronen darein. Laß in einer gelben Pfanne Butter vergehen, dann röste ein wenig Mehl darein, schütt das Gerührte darein und rühr es auf dem Feuer, bis es anfängt zu sieden. Dieses schütt über geschnittene Mandeltorte. Diese Soos kann zu allen Torten gebraucht werden.

Weinsoos von Hagenbutzen (Hagebutten)
Verrühr 2 Eyerdotter, dann schütt 1 Schoppen (3,5 dl) weissen Wein und Zucker daran und laß es sieden. Dann rühr sie an eingemachte Hagebutzen und trag es zur Mandeltorte oder Schwarzbrodtorte auf. Die Torten können auch in der Soos aufgekocht werden.

Mandelsoos an Schokalade - Knopf
Schele 2 Handvoll Mandel, stosse sie mit einem Stück Zucker fein, schütt ein wenig Milch daran, daß sie nicht öhlicht (ölig) werden; wenn sie fein sind, so schütt 1 1/2 Schoppen (1/2 l) süsse Milch daran und mach es in dem Mörschel durcheinander. Dann drück es durch ein Tuch, stoß die ausgedruckten Mandel wieder, schütt die nämliche (die selbe) Milch wieder daran und druk sie wieder durch. Verrühr 3 Eyerdotter in einer gelben Pfanne, gieß die Milch darein und rühr es auf dem Feuer, bis es anzieht; dann schütt es an den Knopf.
Hinweis: Geriebene Mandeln mit Zucker verstoßen; süße Milch = normale Milch. Damit der Mandelgeschmack intensiver wird, werden die Mandeln nochmals gestoßen, dieselbe Milch daran geschüttet und wieder durch das Tuch gedrückt.

Weisse Schokalade
Nimm geschelte und fein gestossene Mandel, schütt Milch daran und stosse es noch ein wenig; dann druck es durch ein Tuch, schütt es in ein Häfele und strudle es bey dem Feuer, bis es schäumet.

Mehlspeisen

Glazirte Äpfel - Küchle

Bache Äpfel-Küchle, leg sie auf eine Blatte, bestreu jede Lage mit Zucker und brenn sie mit einem glühenden Eisen.
Hinweis: Apfelküchle mit karamelisiertem Zucker.

Äpfel im Schlafrok

Schele die Äpfel, schneide oben einen Deckel davon, höhle den Putzen heraus, leg große Weinbeer darein, bestreu sie mit Zucker und leg den Deckel wieder darauf. Schneide von Butterteig Streifen, wikle sie um die Äpfel, bis sie oben spitzig sind; dann drucke von Butterteig ein Blättchen aus und leg es oben auf den Spitz, schneide hernach vom Teig ein rundes Blättchen, leg es auf ein Blech, stell die Äpfel darauf und laß sie im Ofen bachen.
Hinweis: Butterteig = Blätterteig (heute fertig zu kaufen)

Äpfel - Speis

Es werden die Äpfel geschelt und fein geschnitten; hernach wird ein Hühnerey groß Butter fein abgerührt, 3 Eyergelb, eins nach dem andern, darein gerührt, auch fein gestossenen Zucker nach Belieben, 1 Löffel voll Mehl, ein wenig Zimmet und den Schnee von den 3 Eyern; dann wird dieser Teig noch mit ein wenig Milch verdünnert, die Schnitzlein hineingerührt, hernach ein Model mit Butter bestrichen, das Gerührte hinein geschütt und mit unten und oben Gluth aufgekocht.
Hinweis: oben und unten Glut = im Rohr gebacken

Äpfel - Speis

Schneide 4 kleine Äpfel gewürfelt, rühr 1 Ey groß Butter ab, rühr 3 Eyerdotter, eins nach dem andern darein und 1 Löffel voll Mehl, Zukker und Zimmet und noch ein wenig Milch. Dann rühr die Äpfel darein, schlag von 3 Eyer ein Schnee, lummere ihn darunter, streich ein Reinle mit Butter, füll den Teig darein und koch es mit unten und (oben) Glut oder im Ofen.

Äpfel - Speis

Verrühr ein Eyer groß Butter, schlag 3 Eyer darein, thu Zucker und ein wenig Brodsamen dazu und rühr alles eine Zeitlang. Schneide 4 Äpfel gewürfelt, rühr sie darein, thu auch ein wenig süssen Rahm dazu, schütt es in ein mit Butter bestrichenes Kastrohl und bach es im Ofen oder mit unten und oben Glut.

Äpfel - Speis
Schneide von 1 Kreutzer Schildbrod die Rinde weg, schneide es in Schnitten, streich ein Reinle dick mit Butter, leg die Schnitten auf den Boden und um den Rand, dann bestreu es mit Brodsaamen, geschnittenen Zitteronen, Zucker und Zimmet. Dann leg fein geschnittenen Äpfel darauf, dann wieder Brodsamen, Zitteronen, Zucker und Zimmet und so, bis der Model voll ist. Dann bestreu es mit Brodsamen, leg ein wenig Butter darauf und koch es mit unten und oben Glut oder im Ofen.

Äpfel - Speis mit Eyer
Schele die Äpfel, schneide sie in 4 Schnitz, bach sie im Schmalz gelb, streich ein niederes Reinle mit Butter, leg die Schnitzle ordentlich auf den Boden, bestreu sie mit Zucker und Zimmet, dann leg wieder um den Rampf Schnitzle, bestreu sie wieder mit Zucker und Zimmet und leg etwas eingemachte Kerschen dazwischen. Verrühr 4 Eyerdotter mit etwas süssem Rahm, hernach schütte es in die Mitte und bach es im Ofen oder mit unten und oben Glut. Statt der Kerschen kann man auch Weinbeer nehmen.

Armenleuthen - Koch
Nimm 20 Loth (= 30 dkg) Butter, rühr ihn mit 14 Loth (= 21 dkg) Zucker und 12 Eyerdotter 1 Stund, auch geschnittene Zitteronen. Schmiere ein Kastrohl mit Butter und bach es im Ofen bey nicht zu großer Hitze.

Äpfel - Schaum
Schele 6 saure Äpfel, schneide sie und koch sie mit 1 Glas Wein zu einem Muß, dann treib sie durch einen Seiher. Reibe Zucker an Zitteronen ab und stosse ihn; nimm soviel Zucker, bis die Äpfel süß sind. Schlage das Weisse von 6 Eyer zu einem dicken Schnee, rühr ihn langsam darunter, bestreiche ein Reinle mit Butter, füll das Gerührte hoch darein, bestreu es mit Zucker, laß es im Ofen langsam bachen und trag es gleich auf.

Ammaleth (Omelett) in der Milch
Nimm Eyer und zu jedem Ey 1 Löffel voll (Mehl und etwas) Salz, rühr es und verdünnere es mit Milch; dann laß Schmalz vergehen und thu 1/2 Löffel voll davon in eine Pfanne und 1 Löffel voll Teig darein, bache sodann ein Blatt auf beyden Seiten gelb, nimm zu jedem Blatt einen 1/2 Löffel voll von dem vergangenen Schmalz. Dann schneide die Blätter zu Nudeln und laß sie in Milch und Butter mit unten und oben Glut aufkochen.
Hinweis: Früher hat man viel mit Butterschmalz gekocht und gebacken.

Auflauf von Brodsamen
Schneide von 2 Kreuzer-Schildbrod (ein ganzer Schild) die Rinde weg, dann reibe es, thu Milch daran und laß es ganz dick kochen, dann treibe es durch einen Seiher. Verrühr wie 1 Ey groß Butter, schlag 8 Eyer, eins nach dem andern, darein, dann rühr das durchgetriebene Brod darein, auch Zucker und Zimmet, bestreiche ein Reinle mit Butter, füll den Teig darein und koch es mit unten und oben Glut im Ofen.

Eyer - Scheiterbeig (Scheiterhaufen)
Schneide Schnitten von Eyer- oder Schildbrod, weich es in die Milch ein, stosse Zucker an den Zitteronen abgerieben, rühr ihn mit Eyer und etwas Milch an; bestreiche ein Kastrohl mit Butter, schütte etwas von dem Abgerührten darein, lege die geweichten Schnitten darein, schütt wieder etwas darauf, dann leg wieder Schnitten darein und so, bis alle darin sind. Zuletzt schütte alles darüber her und laß es im Ofen oder mit unten und oben Glut bachen.

Krapfen von Butterteig
Nimm Mehl und Salz und das Gelbe von 1 Ey, auch Milch und Wasser gleichviel, mach einen weichen Teig an, hernach nimm so viel Butter, als der Teig wigt, knette den Butter im Wasser aus, daß er keine Knollen mehr hat, datsche (klopfe) ihn mit den Händen, daß es einige Blatten gibt; wahle hernach den Teig ein wenig aus, leg eine Blatte Butter darauf und schlag den Teig darüber her; wahle (walke) wieder und so fort, bis alle Blatten darein sind; drucke aber nicht zu stark mit dem Wahlholz. Wenn alle Butter darein ist, so schlage den Teig noch 3 mahl zusammen und wahl ihn allemahl wieder aus, mach ihn recht fein, und das 4. mahl schneide ihn zu Krapfen : schneide nämlich viereckichte Blättle, dupfe sie mit 1 verschlagenen Eyerdotter und thu es zusammen; überstreich es wieder oben mit dem Eyerdotter und thu es auf ein Blech in Ofen. Gib aber acht, daß Du mit dem Eyer nicht an das Port (Rand des Kuchenblechs) kommst, sonst gehen sie nicht auf. Man muß den Teig stark mehlen, daß er am Nudelbrett nicht anklebt. Im Sommer muß der Butter im kalten Wasser, und im Winter im lauen geknetet werden. Der Teig muß gemacht werden, ohne daß man ihn umkehrt.
Hinweis: Dieses ganze ausführliche Rezept handelt vom Blätterteig.

Wein - Schnitten
Schneide Schildbrod-Schnitten, kehre sie im rothen Wein und dann in Eyer um, dann bache sie im Schmalz. Koche sie auf der Gluth in einem Kastrohl in roten Wein, Zucker und Zimmet wieder auf und decke sie zu.

Bray (Brei)
Röste 1 Löffel voll Mehl im Schmalz, verklopf 2 Eyer mit 1 Schoppen (ca. 3,5 dl) süssen Rahm und schütte es an das Mehl, laß es noch einen Sutt aufthun, thu Zucker nach Belieben darein; bestreiche ein Kastrohl mit Butter, füll es darein und koche es mit unten und oben Glut.

Äpfel - Küchle
Nimm weissen Wein und Zucker, laß ihn auf der Glut warm werden, hernach nimm Mehl und etwas Salz und mach mit diesem einen Teig an. Schele die Äpfel, höhle in der Mitte ein Loch aus, schneide runde Blätter, dunke sie in den Teig, dann bach sie im Schmalz und streue Zucker darauf.

Ofenküchle
Laß 1/2 Schoppen (= 1,7 dl) und 1/2 Vierling (6 dkg) Butter heiß werden, hernach schütt Mehl darein, bis es ganz dick ist, thu es dann in eine Schüssel und rühr es eine Zeitlang; schlag 6 Eyer, eins nach dem andern, darein und rühr es wohl. Bestreiche ein Blech mit Butter, wüsch es wieder ab; laß Butter vergehen, dunke (tauche) den Löffel darein und mache runde Knöpfle auf das Blech, streiche sie oben mit vergangenem Butter an und bach sie im Ofen. Diese können auch in Milch und Zucker wieder aufgekocht werden, wenn sie gebachen sind.

Knopf von sauren Rahm
Feucht um 1 1/2 - Kreuzer - Schildbrot (3 Pärle) die Brodsamen davon mit Milch an, reibe Zucker an einer Zitterone ab, stosse ihn, verrühr 2 Eyerdotter, thu die Brodsamen, den Zucker und 5 Löffel voll sauren Rahm dazu, rühr es eine Zeitlang, schlag das Weisse von 2 Eyer zu Schnee und rühr ihn langsam darein. Bestreiche rein weisses Papier mit Butter, leg das Papier in ein mit Butter bestrichenes Reinle, schütt das Gerührte in das Papier, thu siedentes Wasser in ein Kastrohl, stell das Reinle darein und stell das Kastrohl auf die Glut, daß das Wasser immer siedet, und oben nur in der Mitte ein wenig Glut, und so laß es 1 Stunde kochen, bis es ganz geköchlet ist.Dann nimm es aus dem Kastrohl, schlag das Papier aus dem Reinle und laß die Soos darüber hergehen. Dieses kann auch von Eyerbrod (Zopfbrot) gemacht werden. Man muß achtgeben, daß kein Wasser in das Reinle siedet.
Rahmsoos dazu :
Nimm 1 Eyerdotter, gestossenen Zucker, der an Zitteronen abgrieben ist, rühr es durcheinander, laß süssen Rahm heiß werden und schütt ihn darein, strudle es bey der Glut, hernach schütt es über den Knopf.
Hinweis: Backpapier verwende

Apfelschälmaschine der M. K. Nesensohn

Mandel - Knopf
Reib 1/2 Pfund (23 dkg) Zucker an Zitteronen ab, stosse ihn. Stoß auch 1/2 Pfund (23 dkg) geschelte Mandeln, weiche das Linde von 2 Kreuzer Schildbrod (ein ganzer Schild) in die Milch ein, rühr die Mandeln, Zucker und das geweichte Brod durcheinander, dann rühr 10 Eyer, eins nach dem andern, darein, auch klein geschnittene Zitteronen und Zimmet, dieses rühr 1/2 Stunde. Bestreiche ein Model mit Butter, schütt den Teig darein und bache ihn im Ofen; dann schütt die Soos darüber her.

Soos an einen Mandel - Knopf
Stoß geschelte Mandeln, dann schütt weissen Wein daran, drucke sie durch ein Tuch, verrühr 3 Eyerdotter, schütt den durchdruckten Wein und gestoßenen Zucker daran und rühr es auf dem Feuer, bis es zu sieden anfängt. Dann schütt es über den Knopf ab.

Reis - Knopf (Reisauflauf)
Koch 1/2 Pfund (23 dkg) Reis in der Milch zu einem dicken Muß, dann laß es kalt werden. Rühre 1/2 Pfund (23 dkg) Butter ab, schlag nach und nach 10 Eyerdotter darein, rühr das gekochte Muß darein und rühre es 1/4 Stund. Dann thu eine Handvoll geschelte, gewiegte (zerkleinerte) Mandel, kleine Weinbeer, Zucker, Zimmet und Zitteronen dazu, schlag das Weisse von 10 Eyer zu Schnee und rühr ihn darunter. Streiche ein Kastrohl mit Butter, thu den Teig darein und bach es im Ofen. Zur Soos nimm 1 Handvoll geschelte, fein gestossene Mandel, rühr sie mit Milch, Zucker, Zimmet und Zitteronen ab und laß dieses unter stätem Umrühren aufkochen; thu es in eine Schüssel und leg den Knopf darauf.

Knopf mit Schotto (Chaudeau)
Rühr 6 Loth (18 dkg) Butter ab, der im Mehl umgekehrt ist, schlag 3 Eyer darein, rühr für 2 Kreuzer geweichtes Schildbrod (ein ganzer Schild) und 1/2 Vierling (6 dkg) geschelte, gestossene Mandel, 1 Schoppen (3,5 dl) süssen Rahm, auch Zucker, bis es süß genug ist; dieses rühre gut ab. Schmiere ein Tuch dick mit Butter, binde das Gerührte darein und thu es in ein siedentes Wasser; dann laß es 1 Stund sieden.
Den Schotto (Chaudeau) mach also :
Nimm 4 Eyerdotter, verrühr sie, laß 1 Schoppen (3,5 dl) weissen Wein mit Zucker sieden, schütt ihn an die Eyer und strudle es bey der Glut. Thu den Knopf auf eine Blatte und schütt den Schotto darüber her.

Mandel - Knödel
Rühre frischen Butter, schlag 3 oder 4 Eyer darein, thu gestossene Mandel, geweichte Brodsamen, Zucker und etwas Rahm dazu. Dann mach Knödel und bach sie im Schmalz. Man kann eine süsse Soos daran machen, wenn man will.

Gebachne Kerschen
Mach einen Teig von Mehl, Eyer und Milch und Salz, binde 7 oder 8 Kerschen zusammen, dünke sie in den Teig und bach sie im Schmalz. Oder mach einen Teig mit Mehl, Zucker und heissen, weissen Wein oder ein gebrühtes Teigle, dunke sie darein und bache sie im Schmalz.

Butter - Knopf
Laß in einem Kastrohl 1 Stükle Butter vergehen, dann rühr Mehl darein, soviel der Butter verschlucken mag, laß es ein wenig dünsten; dann schütt 1 Schale Milch daran und laß es auf der Glut dünsten, bis der Butter oben auf kömmt. Thu es in eine Schüssel, rühr es ab, bis es weiß ist, rühr 5 Eyerdotter, eins nach dem andern, darein und Zucker, bis es süß ist. Schlag das Weisse von 5 Eyer zu Schnee, lummere ihn darein. Streich ein Reinle mit Butter, füll den Teig darein, stell es in siedentes Wasser, thu Glut darunter, daß das Wasser immer siedet und oben nur ein wenig und laß es so gestehen, dann schlag es heraus und mach eine Kerschensoos daran. Man kann es auch mit unten und oben Glut kochen, blos mit Eyer dünn machen. Man kann auch eine grüne Mandelsoos daran machen.

Gebachenes Krem
Mach ein Kindtmuß mit 1 Stück Butter, dann laß es kalt werden. Rühr es dann mit 6 Eyergelb ab, auch gestossenen Zucker, der an Zitteronen abgerieben ist. Schlag das Weisse von 6 Eyer zu Schnee, rühr ihn darein, streich ein Papier mit Butter, leg es in ein mit Butter bestrichenes Kastrohl, füll den Teig darein und koch es mit unten und oben Glut. Dann thu das Papier heraus, lös es davon weg, schneide Schnitten daraus, kehr sie in Eyergelb und dann in Brodsamen um und bach sie im Schmalz; hernach bestreu sie mit Zucker und Zimmet.
Hinweis: Kindsmus - Mehl mit Milch einrühren.

Reis - Knopf (Reisauflauf)
Koch Reis in der Milch wie ein Muß, laß es kalten, rühr 6 Eyergelb darein, Zucker und Zimmet. Schlag das Weisse von 6 Eyer zu Schnee und rühr ihn darunter. Dann streich ein Tuch mit Butter, thu den Teig darein, binde es zu und siede es im Wasser 1 Stund oder laß es in einem Kastrohl bachen.

Französische Pfannen - Kuchen
Nimm 3 Löffel voll Mehl, etwas Salz, mach es mit kalter Milch ein wenig durcheinander; dann rühr 3 Eyer, eins nach dem andern, darein, laß 1/2 Schoppen (1,7 dl) Milch mit ein wenig Butter sieden, dann rühr sie siedent darein. Streich eine Pfanne ganz dick mit Butter, schütt das Gerührte darein, laß es auf dem Feuer ein wenig anziehen und rühr es mit dem Schäufele immer auf. Dann leg kleine Bröckle Butter darauf, streiche ein eisernen Deckel dick mit Butter, decke es zu, thu oben eine starke Glut darauf und unten nur ein wenig. Dann laß es gelb bachen, lös es mit dem Schäufele weg und trag es gleich zu etwas Eingemachtem auf.
Hinweis: Lös es mit dem Schäufele weg = in der Pfanne wenden.

Äpfel - Küchle
Brühe Mehl mit siedentem Wein an wie ein Knöpfle-Teig, thu Zucker und Zimmet darein; schlag ein Schnee, rühr ihn darein, auch ein wenig Kerschen-Wasser. Dann kehr die geschnittenen Äpfel darein und bache sie im Schmalz.

Gebrühte Küchle
Laß 1 Schoppen (3,5 dl) Milch mit 1/2 Vierling (6 dkg) Butter und Salz heiß werden, dann schütt Mehl darein und rühr es so lange, bis sich der Teig von der Pfanne löst. Dann thu ihn in eine Schüssel, rühr ihn mit 6 Eyer, die im warmen Wasser gelegen sind, eins nach dem andern ab. Laß Schmalz warm werden, schütt ein wenig in den Sprützstraubentrachter, dann laß es wieder ausrinnen. Hernach thu den Teig in den Trachter, drücke ihn mit dem Holz ins warme Schmalz. Bache die Küchle langsam, laß das Schmalz nicht zu heiß werden. Auch kann man runde mit dem Löffel oder kurze mit dem Trachter machen. Und wenn sie gebachen sind, leg sie auf dem Rost auf ein Papier. Das Schmalz muß bey dem Bachen über die Küchel hergehen. Die Küchle können auch mit dem Kücheltrachter gemacht werden, aber der Teig muß mit mehr Eyer verdünnert werden, so, daß er läuft.
Hinweis: Es kann sicher auch ein Spritzsack verwendet werden. Zum Schluß werden die Küchle in Zucker und Zimt gewälzt.

Mehl - Schnecken
Bache große Amalet, mach eine Mandelfülle wie bey den Mandelwürstle, streich die Blätter (Omletten) damit an, roll sie zusammen, schneide 3 Finger breite Stückle davon. Streich ein niederes Reinle mit Butter, stell die Stückle darein, schütt ein wenig Milch daran und koch es mit unten und oben Glut oder im Ofen.

Gebachenes Kindsmuß
Mach ein dickes Kindsmuß mit Zucker und geschnittenen Zitteronen, dann laß es auf einem Teller kalt werden. Schneide fingerbreite Stückle davon, kehre sie in Eyer um und dann in Brodsamen und bach sie im Schmalz. Schmiere ein Kastrohl mit Butter und lege das Gebachene darein. Dann nimm 1 Schoppen (3,5 dl) süssen Rahm, auch Zucker, Zimmet und 4 Eyer, rühr es durcheinander, schütt die Hälfte daran und laß es so bachen. Während dem Bachen schütt die andere Hälfte daran, aber nur nach und nach; und wenn es schön gebachen und aufgegangen ist, so trag es gleich auf.

Aufgezogenes Kindsmuß mit Mandeln
Nimm 3 Löffel voll Mehl, auch Salz, rühr es mit Milch in einer Pfanne fein ab und mach ein Kindsmuß, dann laß es kalt werden. Rühr 1/2 Vierling (6 dkg) Butter ab, rühr 4 Eyerdotter, eins nach dem andern, darein, hernach das Muß. Schlag das Weisse von den 4 Eyer zu Schnee, rühr ihn langsam darein. Streiche ein niederes Reinle mit Butter, überzieh es mit Butterteig, füll den Teig darein und stell es gleich in Ofen. Man kann es ohne Butterteig machen und mit unten und oben Glut kochen. *Hinweis: Es kann auch im Wasserbad gekocht werden.*

Schnitten in der Milch
Salze die Milch und laß sie sieden; dann schütt Mehl darein, bis es ganz dick ist, verrühre es wohl, daß es keine Knollen gibt, dann thu es in eine Schüssel und rühr es eine Zeitlang, dann schlag Eyer darein, bis es etwas dünner ist. Schneide Schildbrodschnitten, drehe sie in dem Teig um, laß in einer Pfanne Milch und Butter heiß werden und leg die gedünkten Schnitten darein und laß sie dünsten, bis sie auf beyden Seiten gelb sind. Wenn man nicht so viel Eyer nehmen will, so kann der Teig mit etwas Milch verdünnert werden.

Dampfnudeln in der Milch
Nimm Mehl und 1 Löffel voll Hepf (Hefe), mach mit lauer Milch einen dünnen Teig an, dann laß ihn auf dem Ofen gehen. Wenn er gegangen ist, laß Butter vergehen, rühre Eyer darein und schütt es an den Teig; thu Mehl darein, bis es dick ist. Dann nimm ihn auf das Nudelbrett, behre ihn aus, mach runde Kügele, leg sie auf ein mit Mehl bestreutes Brett, deck sie zu und laß sie gehen. Laß Milch und Butter in einer Pfanne heiß werden, leg sie darein, decke sie zu und laß sie dämpfen, bis die Milch eingekocht ist. - Diese können auch im Wasser verwählt werden und hernach im Schmalz gebachen.

Gebachne Mandel
Rühr 3 Eyerdotter, 1 Ey, 1 Vierling (12 dkg) Zucker und wie eine wälsche Nuß (Walnuß) groß Butter durcheinander; dann thu Mehl darein, wahle (walke) dieses messerrückendick aus, stich mit dem Model große Mandeln aus und bache sie im Schmalz gelb.

Schotta (Molke) - Nudeln mit Zucker
Nimm von 1 Maaß (1,3 l) Milch den Schotta, verrühr in einer Schüssel 1 Ey groß Butter, thu den Schotta darein und Zucker, rühr 1 Ey und 2 Dotter darein und Mehl, bis es wie ein Gugelhopf-Teig ist, salze dieses, dann laß es ein wenig gehen. Schneide mit dem Löffel fingerlange und fingerbreite Nudeln, leg sie auf ein mit Mehl bestreutes Brett, laß sie wieder gehen; dann schneide mit dem Messer einen Schnitt in der Mitte, leg sie in nicht gar heisses Schmalz und rodle (rüttle) sie immer, bis sie schön gelb sind.
Hinweis: Hier ist "Schotte" gemeint. Herstellung: 1,3 Liter Milch sauer werden lassen, in ein Tuch leeren, über Nacht ablaufen lassen und dann gut ausdrücken. Es bleibt im Tuch Topfen und in der Schüssel "Schotte" (Molke) übrig.

Schneeballen
Nimm Mehl, 2 Eyer und 2 Dotter und Salz, laß 1 Nuß groß Butter in der Milch lau werden und mach einen Teig auf dem Nudelbrett; wahle (walke) Blätter aus wie einen kleinen Zinnteller, schneide mit dem Küchenrädel fingerbreite Streif hinein, aber nicht ganz hinaus (nicht ganz durch). Dann nimm einen Streif (Teigstreifen) auf den Kochlöffel, den andern laß liegen und so fort, bis die Streif auf (fertig) sind. Halte dieses in recht heißes Schmalz, blaßgelb bache sie und bestreu sie mit Zucker. Man kann nur eine um die andere bachen. Zu 2 Schneeballen rechnet man ein Ey.

Quitten - Auflauf
Siede Quitten weich, dann laß sie kalt werden; hernach schele sie und reibe sie am Brodreiber. Zu 12 Loth (36 dkg) Mark nimm 1/4 Pfund (12 dkg) gesiebten Zucker, dazu von 3 Eyer ein Schnee, thu das Mark und Zucker in eine Schüssel, lummere den Schnee langsam darunter, auch etwas gewiegte Zitteronen und Saft (Zitronensaft). Streiche eine weisse Blatte (Porzellan) mit Butter, bestreu sie mit Zucker, thu es darauf und bach es im nicht zu heissen Ofen.
Hinweis: Die Masse wird in eine feuerfeste Auflaufform gefüllt und dann gebacken.

Schneeballen

Aufgezogenes Reis
Laß 1 Vierling (12 dkg) Reis in der Milch wie ein Muß kochen, verrühr 1 Ey groß Butter, von 5 Eyer die Dotter, Zucker, Zimmet und Weinbeer, dieses verrühr alles wohl. Rühr das Weisse von den 5 Eyer zu Schnee, thu ihn darein, aber rühre nicht mehr stark und stell es in ein mit Butter bestrichenes Kastrohl in Ofen.

Aufgezogenes von saurem Rahm
Nimm 3 Löffel voll Mehl, salze es, rühr es mit 4 Löffel voll saurem Rahm ab, schlage 4 Eyer dazu, rühr alles eine Zeitlang, schütte es in ein mit Butter bestrichenes Kastrohl und bache es im Ofen.

Aufgezogenes vom sauren Rahm
Nimm 1 Löffel voll Mehl und Salz, rühr es mit 1 Schoppen (3,5 dl) sauren Rahm an, rühr 6 Eyerdotter darein, schlag von 4 Eyer einen Schnee, lummere ihn darein. Streich ein Model mit Butter, besäh ihn mit Brodsamen, füll den Teig darein und bach es im Ofen. Dieses kann auch vom süssen Rahm gemacht werden.

Aufgezogenes vom sauren Rahm
Nimm 4 Löffel voll sauren Rahm, 4 Löffel voll Mehl, 4 Eyer und Salz oder Zucker; dieses rühr wohl durcheinander, thu es in ein mit Butter bestrichenes Kastrohl und koch es mit unten und oben Glut oder im Ofen.

Schmarallen (?)
Laß 1 Stück Butter in der Milch sieden, salze sie; dann schütte Mehl darein, bis es ein recht dickes Muß gibt, rühr es wohl, damit es keine Knollen gibt. Thu das Muß in eine Schüssel und rühr es mit Eyer ab, dann thu Milch in ein Kastrohl, auch Butter und etwas Salz; stich mit dem Löffel so wie Knöpfle heraus, leg sie ins Kastrohl und laß sie im Ofen bachen.

Schokalade - Auflauf
Reibe 4 Täfele Schokalade und ebensoviel Mehl, als der Schokalade wiegt; dann brüh es miteinander mit siedenter Milch an und koch es zusammen, bis es nicht mehr mehlet. Rühr 1/4 Pfund (12 dkg) Butter ab, dann rühr 1/4 Pfund (12 dkg) gestossenen Zucker darein, schlag 6 Eyergelb dazu und zu jedem rühr 1 Löffel voll von dem Gekochten; dieses rühr 1 Stund. Schlag von 6 Eyern einen Schnee, lummere ihn darunter, streich ein Model mit Butter, besäh ihn mit Brodsamen, füll den Teig darein und laß es 3/4 Stund im Ofen kochen

Rahm - Pastetle
Verrühr 5 Eyerdotter, reibe Zucker an Zitteronen ab, stosse ihn, rühr ihn darein und 1 Caffeelöffel voll Mehl, auch 1/2 Schoppen (ca. 1,7 dl) sauren oder süssen Rahm; rühr es eine Weile. Dann füll kleine Butter-Pastetle damit, mach kleine Deckel darauf und bache sie im Ofen.
Hinweis: Blätterteigpastetchen

Zucker - Strauben
Nimm 8 Loth (24 dkg) Mehl, 6 Loth (18 dkg) Zucker, ein wenig Salz, 6 Löffel voll Wein, dieses rühr mit Eyer vollenz (gänzlich) an, daß der Teig etwas dünner wird als andere Strauben-Teig. Laß Schmalz heiß werden, mach sie mit einem Trachter (Spritztrichter), der 3 Löcher hat, hinein und bach sie schön gelb. Und wenn sie noch warm sind, wickle sie um ein rundes Holz, damit sie gebogen werden. Zulezt bestreu sie mit Zucker und Zimmet.
Eine andere Art :
Laß 1 Schoppen (3,5 dl) weissen Wein mit zimlich Zucker, 1 Stück Zimmet 1/2 Viertelstund (7 Minuten) sieden. Nimm 12 Loth (36 dkg) Mehl, rühr es mit dem Wein fein an, mach es mit Eyerweiß vollenz (ganz) dünn, daß der Teig lauft und bach sie dann wie die andern.

Rahm - Strüdele
Mach einen Strudelteig, schneide ihn zu kleinen Fleck, zieh sie aus, streich sie mit vergangenem Butter; verrühr 1 Eyerdotter mit Zucker und sauren oder süssen Rahm, dann überstreich die Blätter damit. Roll die Blätter zusammen, leg sie in ein mit Butter bestrichenes Kastrohl, streiche sie oben mit Fülle an und laß sie im Ofen ein wenig anziehen; dann schütt Milch daran und laß sie bachen.

Magronen - Nudeln (Makronen)
Stoß etwas Zucker mit 5 Hippen fein; nimm Mehl, 2 Eyer, das Gestossene und ein wenig Salz, mach einen Nudelteig an, wahl ihn aus und schneide sie. Laß Milch und Butter heiß werden, thu die Nudeln darein, decke sie zu und laß sie einkochen, bis sie schön gelb sind.

Semmelnudeln
Laß Milch und Butter mit Salz sieden, dann thu groben Semmel darein, bis es ein ganz dickes Muß ist. Bestreu das Nudelbrett mit groben Semmel (Semmelbrösel), thu den Teig darauf, mach fingerdicke und fingerlange Nudeln daraus und bach sie wie die Semmelpflutten.
Hinweis: Die Nudeln werden im heißen Schmalz goldgelb herausgebacken.

Viererley Nudeln auf einer Blatte
1. Grüne : Wiege Spinath, nimm Mehl, Salz, Eyerklar und den Spinath, mach ein Nudelblatt daraus und schneide sie.
2. Gelbe : Diese mach von Eyerdotter.
3. Weisse : Diese mach von Eyerklar.
4. Gebachne : Nimm von den weissen Nudeln und bache sie im Schmalz gelb; dann brühe sie ab, zuerst die gelben, dann die weissen und dann die grünen. Leg sie zierlich auf eine Blatte wie einen Stern und schmelze selbe ab.
Hinweis: Die Nudeln werden im Salzwasser gekocht, mit Ausnahme der gebackenen; auf der Platte wird Butter darübergegossen.

Gefüllte Mandel - Würstle
Mach Blätter wie bey Eyerkuttlen; verstoß 1 rechte Handvoll geschelte Mandel und 1 Ey groß Zucker, rühr die Mandel und den Zucker mit 2 Eyer ab; dieses ist die Fülle.Hernach streich die Blätter mit der Fülle an und roll es zusammen. Thu ein wenig süssen Rahm in ein Kastrohl, leg es darein. In die übergebliebene Fülle rühr ein wenig süssen Rahm. Dann schütte es darüber her. Hernach muß oben und unten Glut seyn.
Hinweis: Aus Nudelteig Blätter machen.

Schmalz - Würstle
Verrühr 2 Eyer mit 1 Löffel voll sauren Rahm, dann rühr ein wenig heiß Schmalz darein. Bache Eyerflädle, diese streich an, roll sie zusammen. Thu ein wenig Milch in ein niederes Reinle, leg die Würstle darein und koche sie mit unten und oben Gluth.

Zucker - Würstle
Bach kleine Amaletle (Omelett), verrühr 3 Eyer mit Zucker, bis es süß ist, dann überstreich sie und roll sie zusammen. Thu ein wenig siedente Milch in ein Kastrohl, leg sie darein, streich sie oben mit den überbliebenen Eyer an und koch sie mit unten und oben Glut.

Desserts

Ganze Äpfel zu bachen

Schele nicht gar große Äpfel, schneide einen Deckel davon, höhle sie aus, wiege geschelte Mandeln, kleine Weinbeer, Zucker und Zimmet, feuchte es mit rothem Wein an, fülle die Äpfel damit, spißle den Deckel wieder darauf, mach einen Teig wie bey Äpfelküchle, kehre sie um und bache sie langsam im nicht zu heißen Schmalz. Bestreu sie mit Zucker und Zimmet, stecke geschnittene Mandeln darein und trag sie trocken oder mit einer Weinsoos zu Tisch.

Gefüllte Äpfel

Schele Äpfel nach Belieben, thu 1/2 Maaß (= ca. 3/4 l) Wasser und 1 Schoppen (= 3,5 dl) weissen Wein in eine Pfanne, leg die Äpfel darein, schneid noch andere Äpfel und leg sie dazu, laß sie weich kochen; thu auch Zitteronen dazu und Hausenblasen. Wenn sie weich sind, leg die Äpfel auf eine Blatte, das übrige treib durch einen Seiher,dann stell es wieder auf das Feuer, thu 1/2 Pfund (23 dkg) Zucker dazu, laß es wieder einsieden, schütt es an die Äpfel und laß es stehen.
Hinweis: Heute nimmt man Blattgelatine, ca. 4 Blatt. Eine Platte mit hohem Rand verwenden.

Äpfel - Schnee

Nimm etwa 32 Äpfel, die nicht wässericht sind, kretze sie mit einem Messer ein, lasse sie auf dem Rost brathen und kehre sie fleissig um. Dann ziehe die Haut ab, reibe sie fein ab mit Zucker, Zimmet und geriebenen Zitteronen, rühr die Apfelmasse eine Weile, schlag das Weisse von 6 Eyer zu Schnee, rühr ihn darunter, befestige einen blechernen Reif auf einem Bogen Papier, bestreich das Papier mit Butter, füll den Teig darein und bach es im Ofen.
Hinweis: In einer Pfanne ohne Fett braten oder im Rohr

Gebachene Äpfel mit Wein und Schatto (Chaudeau)

Nimm schöne kleine Äpfel, schele und schneide sie mitten ab und höhle sie aus, leg sie in Wein, dann kehr sie in Mehl um und bache sie im Schmalz, dann bestecke sie mit geschnittenen Mandeln, leg sie auf eine Blatte und mach ein Schatto (Chaudeau) darüber her :
Nimm 1/2 Maaß (ca. 7 dl) Wein, 1 Stück Zucker und 8 Eyerdotter, strudle es bey der Glut, bis es dicklecht ist und schütt es über die Äpfel. Statt dem Putzen können auch eingemachte Weichseln gebraucht werden; dann stell es noch ein wenig in den Ofen und gleich zur Tafel.
Hinweis: Zucker nach Belieben im Wasserbad schlagen.

Gebachene Äpfel mit Kerschenwasser (Kirschschnaps)
Schele und schneide die Äpfel in 2 Theil, leg sie über Nacht in Kerschenwasser, dann kehre sie in Eyer und in Brodsamen um, dann bache sie im Schmalz und bestreue sie mit Zucker und Zimmet.

Gebachene Äpfel
Schele Äpfel, schneide oben einen Deckel davon, fülle sie mit was Dir beliebt, thu den Deckel wieder darauf, spisse ihn an, kehre sie in Eyer, dann in Brodsamen um und bache sie im Schmalz langsam gelb, hernach bestreue sie mit Zucker.

Gebachne Äpfel
Schel die Äpfel, schneide einen Deckel ab, höhle sie aus, leg sie in eine Schüssel, übergieß sie mit Kerschenwasser und laß sie eine Weile stehen, spißle den Deckel wieder darauf, kehre sie im Mehl um und bache sie langsam im Schmalz; dann bestreue sie gleich mit Zucker und Zimmet und stell sie auf Lorbeerblätter.

Aufgezogene Erdbeer
Treibe 1 Schoppen (3,5 dl) Erdbeer durch eine feine Seihe, dann rühr 4 Loth (12 dkg) Butter ab, schlag 3 Eyerdotter darein, reibe Zucker nach Belieben an Zitteronen ab, rühr ihn darein, auch Zimmet und 1 Handvoll Mehl; dieses rühr durcheinander, schlag das Weisse von 4 Eyer dazu, rühr sie langsam darein, drucke den Saft von 1/2 Zitteronen dazu, mach vom Teig einen hohen Rampf (Teigboden mit hohem Rand), der über das Reinle geht, gieß den Teig darein und bache es im Ofen. Das Reinle und Rampf kann von Mehl und Wasser gemacht werden.
Auflauf von Zwetschgen kann auf die nämliche Art gemacht werden, nur daß diese zuvor in Wein, Wasser, Zucker, Zimmet und Zitteronen gekocht werden müssen.
Hinweis: Die Kuchen- oder Tortenform wird mit einem Teig ausgelegt; es eignen sich ein Mürbteig oder ein Abriebteig dazu.

Gugöfele (Auflauf aus Biestmilch)
Verrühr 2 Eyerdotter mit 1 1/2 Schoppen (ca 5,3 dl) Milch, dann thu sie in die Pfanne mit einem Stück Butter, laß sie lau werden, dann rühr Mehl darin, bis es so dick ist wie bey dem Ofenküchel, dann richt es an und rühr es mit Eyer so dünn ab wie bey den Ofenküchle. Streich ein Blech mit Butter, wüsch (wische) es wieder ab, setz sie mit dem Löffel auf das Blech, streich sie mit Butter an und bach sie im Ofen. In das Muß kann man Zucker oder Salz nehmen.

Erdbeer - Schnitten
Stoß1 Teller voll Erdbeer, dann rühr 1/4 Pfund (= ca. 12 dkg) gestossenen Zucker und etwas Zimmet darein, schlag von 3 Eyer einen Schnee, rühr ihn darein; bach Schildbrod-Schnitten im Schmalz gelb, leg sie in ein mit Butter bestrichenes Reinle, thu das Gerührte darauf und bestreu sie mit Zucker und Zimmet und lass es im Ofen bei leichter Hitze backen.

Erdbeer - Schnee
Schlag das Weisse von 3 Eyer zu Schnee, dann thu Zucker darein, verdrucke Erdbeer mit Zucker und Zimmet und mach sie in den Schnee, dann thu es auf eine weisse Blatte (= Porzellanplatte) hoch darauf und bach es im nicht zu heissen Ofen gelb. Dann nimm es von der Blatte, verdruck Erdbeer mit einem Löffel, dann rühr Zucker, Zimmet und süssen Rahm daran, dann seihe es durch ein Tuch oder Seiher, thu den Saft auf eine Blatte und stell das Gebachene darauf. Man kann dieses auch auf einer Zinnblatten bachen, blos bestreu das Blech mit Salz und stell die Blatten darauf.

Erdbeer - Schnitten
Koche Erdbeer mit Wasser, Zucker und Zimmet, dann treib sie durch einen Seiher, thu 3 Eyergelb und Brodsamen darein, streich es auf Brodschnitten, schlag einen Schnee, streich ihn auf die Schnitten, säh (säe, streu) Brodsamen darauf und bach sie im Schmalz.

Hippen
Rühr 1/4 Pfund (= 12 dkg) Zucker, 1 Vierling (12 dkg) Mehl mit 3 Eyer und soviel Wein - wie ein dünner Flädlein-Teig - an, auch geschnittene Zitteronen, Zimmet und Nägele, mach das Eisen warm, schmiere es mit Speckschwarten, thu dann 1 Löffel Teig in das Eisen, drucke es zu und bache sie gelb, hernach wickle sie um das Hölzle.
Hinweis: Eisen = Flacheisen wie ein Waffeleisen

Hippen
Rühre 6 Loth (18 dkg) Schmalz ab, schlag 6 Eyer hinein, 1/4 Pfund (= 12 dkg) gestossene Mandel, 1/4 Pfund (= 12 dkg) gestossenen Zucker und 1/4 Pfund (= 12 dkg) Mehl; dieses alles rühre wohl durcheinander. Verfahre dann wie im früheren Rezept.

Hippen
Rühr ein wenig Butter ab, schlag 2 Eyerdotter darein, 1/4 Pfund (= 12 dkg) Zucker, 1/4 Pfund (= 12 dkg) Mehl, Zimmet, 1/2 Schoppen (ca. 2 dl) Rahm und bache sie wie die anderen (vgl. frühere Rezepte).

Hippen
Stoß 1/4 Pfund (= 12 dkg) geschelte Mandeln, dann 1/4 Pfund (=12 dkg) Zucker, 1/4 Pfund (= 12 dkg) Mehl und geschnittene Zitteronen; dieses mach mit süssem Rahm und 2 Eyer an wie ein dünner Flädlein-Teig, hernach bache sie wie die andern (im vorigen Rezept).

Spähn
Stoß 1 Vierling (12 dkg) Mandel nicht zu fein, die aber geschelt seyn müssen, mit 1/4 Pfund (= 12 dkg) gesiebten Zucker, dieses rühr mit 2 Eyer 1/4 Stund lang, auch geschnittene Zitteronen und den Saft; schneide Obladen in schmale Streifen, überstreich sie mit dem Teig einen Messerrücken dick, leg sie auf ein Blech und bache sie im nicht zu heissen Ofen. Wenn sie noch warm sind, wickle sie um ein rundes Holz.

Hobelspähne im Schmalz gebachen
Stoß 1 Vierling (12 dkg) geschelte Mandel fein, nimm 1 Vierling (12 dkg) Mehl, 4 Eyerdotter, 1 Ey, 2 Loth (= 6 dkg) Zucker und Butter wie 1 Ey groß, mach einen Teig mit süssem Rahm an, dann wahle (walke) ihn aus, bis er ist wie bey den Schneeballen, mach kleine Blättle davon, schneide mit dem Küchle-Rädle fingerbreite Streifen davon.

Braunen Krem (Braune Creme, Karamelcreme)
Nimm 1/2 Vierling (6 dkg) Zucker, verstosse ihn ein wenig, thu den Zukker mit 1 Löffel voll Wasser in eine gelbe Pfanne und laß ihn braun werden; dann schütt bereits (fast) 1 Schoppen (3,5dl) Milch daran und laß sie sieden, bis der Zucker in der Pfanne aufgelöst ist.; schütt es in eine Schüssel zum verkalten. Verrühr 4 Eyerdotter mit 1 Kaffee-Löffel voll Mehl und 2 Löffel voll Milch, rühr das Verkaltete an die Eyer, schütt es wieder in die Pfanne, rühr es auf dem Feuer, bis es dicket. Überzieh kleine Mödel mit Butterteig, fülle sie mit Papier aus, mache einen Deckel darauf und bach sie im Ofen. Und wenn sie gebachen sind, thu sie aus den Mödel, löse den Deckel weg, thu das Papier heraus, fülle sie mit dem gemachten Krem, thu den Deckel wieder darauf und trag es warm zu Tisch. Bevor mans in Ofen thut, so bestreiche sie oben mit Eyergelb.
Hinweis: Butterteig = Blätterteig. Zuerst werden aus Blätterteig kleine Formen gebacken, die mit der Creme dann gefüllt werden.

Eyer - Krem
Verrühr 12 Eyerdotter, schütt Milch daran, auch Zucker, bis es süß ist, dann stell es auf das Feuer und rühr es, bis es dicket; dann richt es an und laß es kalt werden.

Johannisbeer - Auflauf

Nimm 8 Loth (ca. 24 dkg) zeitige Johannis-Beer, rühr sie in einer Schüssel mit 8 Loth (ca. 24 dkg) fein gestossenem Zucker 1/2 Stunde lang, schlag von 8 Eyerweiß ein Schnee, lummere ihn darunter, füll es in ein Reinle und bach es langsam im Ofen; alsdann trag es gleich auf, sonst zieht es Wasser.

Lufthäuflein

Mach ein Kindsmuß (aus Milch und Weizenmehl), rühr 1/2 Vierling (6 dkg) Butter ab, rühr 7 Eyerdotter, eins nach dem andern, darein, auch gestossenen Zucker, der an Zitteronen abgerieben ist, rühr das Muß darein; schlag das Weisse von 7 Eyer zu Schnee, lummere ihn darein, streiche kleine Mödel (Formen, z.B. Pastetenformen) mit Butter, füll den Teig darein und bache sie im Ofen.

Kerschenwasser - Krem (Creme)

Stosse Mandeln, dann schütt 1/2 Schoppen (ca. 2 dl) süssen, heissen Rahm daran, drücke sie durch ein Tuch; dann verrühr 3 Eyerdotter, thu etwas Zucker und den durchdruckten Rahm daran, thu es in eine gelbe Pfanne und Kerschenwasser dazu, dann rühr es auf dem Feuer, bis es anfängt zu dicken. Hernach schütt es in eine Schüssel, laß es kalt werden, bestreu es mit Zucker und brenn es mit einem glühenden Eisen. Dieses kann auch aufgetragen werde, ohne es vorher zu brennen.

Hinweis: Mit dem glühenden Eisen hat man den Zucker auf den Speisen karamelisiert.

Kerschen - Gefrornes

Nimm 1 Pfund (46 dkg) frische oder eingesottene Kerschen und 1/2 Pfund (23 dkg) Zucker, stoße sie mit den Stein fein, gieße etwas Wasser darauf und laß es in einer gelben Pfanne (Messingpfanne) kochen; seihe sie durch ein Tuch. Thu den Saft, 1/2 Pfund (23 dkg) Zucker, ein Stück Zimmet und ein wenig weissen Wein dazu, laß es noch mitsammen aufkochen, dann laß es kalt werden und thu es in die Büx. Dieses darf nur 1 1/2 Stund getrieben (= gerührt) werden.

Hinweis : Büx = Eismaschine

Mandel - Schnitten

Nimm 1/4 Pfund (ca. 12 dkg) geschelte, gestossene Mandel, 1/4 Pfund (ca. 12 dkg) gestossenen Zucker und geschnittenen Zitteronen; dieses rühr mit 2 Eyerdotter ab. Bach Schildbrod - Schnitten im Schmalz gelb, thu von dem Gerührten darauf, leg sie auf ein Blech, bach sie im Ofen. Dann koche sie im weissen Wein, Zucker und Zimmet wieder auf.

Schokalade - Knopf
Nimm 1 Kochlöffel voll Mehl und 2 Löffel geriebene Schokalade, thu es in eine Pfanne, rühr es mit Milch an wie ein Kindsmuß (Kinderbrei), stell es auf das Feuer und rühr es beständig wie ein Muß so dick; thu es in eine Schüssel, laß es kalt werden. Rühr ein Stück Butter ab, rühr 5 Eyerdotter, eins nach dem andern darein, und Zucker, bis es süß ist. Dann rühr das Muß darein, schlag das Weisse von 5 Eyer zu Schnee, lummere ihn darein. Streich ein Model mit Butter, füll den Teig darein und stell es in heisses Wasser; thu Glut darunter, daß das Wasser immer siedet, aber oben nur ein wenig in der Mitte; so laß es 1 Stund stehen, hernach stürz es heraus und mach eine Mandelsoos daran.

Krebsbutter - Knopf
Reibe für 2 Kreuzer Eyerbrod (Zopfbrot) und feuchte es mit Milch an, rühr 1 Stückle Krebsbutter, dann 4 Eyerdotter und Zucker nach Belieben darein, wiege Zitteronen, thu sie darein und rühr die eingeweichten Brodsamen dazu. Schlag das Weisse von 2 Eyer zu Schnee, lummere ihn darunter; streich ein Tuch mit Butter, binde das Gerührte darein, leg es in ein siedentes Wasser und laß es 1 Stund sieden. Dann thu den Knopf heraus, stürz ihn auf eine Blatte und mach folgende Soos daran :
Verrühr 3 Eyerdotter mit ein wenig Krebsbutter und Zucker, dann schütt 1 Schoppen (3,5 dl) siedente Milch daran, strudle es bey der Wärme, bis es ganz schäumet, dann gieß es über den Knopf.

Pommeranzen - Knopf
Verrühr 2 Loth (6 dkg) Butter, dann rühr 2 Eyergelb darein, reib Zucker an 1/2 Pommeranze ab und drücke den Saft von der halben an den Butter. Dann rühr zu dem Butter auch 1 Kaffeelöffel voll Mehl und eine obere Schale (Suppentasse) süssen Rahm. Dieses rühr eine Zeitlang, schlag von 4 Eyerweiß einen Schnee und lummere ihn darunter. Streich ein Reinle mit Butter, füll es darein, stell es in siedentes Wasser und laß es mit unten und oben Glut dicken. Dann schlag es heraus und schütt die Soos darüber her. Reibe Zucker an der halben Pommeranzen ab und drücke den Saft daran. Laß in einer gelben Pfanne 1/2 Schaale Wasser heiß werden, dann thu den Zucker und Saft darein. Laß es auf dem Feuer, bis der Zucker vergangen ist; verrühr 2 Eyerdotter mit 1 obern Schaale (Suppentasse) süssen Rahm, dann schütt es in die Pfanne zu dem andern und rühr es auf dem Feuer, bis es dicket. Dann schütt es an den Knopf. Dies kann auch von Zitteronen gemacht werden, es braucht aber mehr Zucker.

Knopf mit Schotto (Chaudeau)
Rühr 8 Loth (24 dkg) Butter ab, schlag 8 Eyerdotter, eins nach dem andern darein, gib dazu 8 Loth (24 dkg) geschelte, gestoßene Mandel. Weich für 2 Kreuzer Schildbrod (1 ganzer Schild) in die Milch ein, druck es aus, nimm Zucker nach Belieben, rühr dieses darein, auch ein wenig sauren Rahm. Schlag von 3 Eyer ein Schnee, rühr ihn darein; streiche ein Reinle mit Butter, füll es darein und laß es 1 Stund im Wasser kochen. Dann schlag es heraus und mach ein Schotto daran.

Reis - Küchle
Stoß 1/4 Pfund (12 dkg) gebrühtes Reis fein, koche es in 1/2 Maas (ca. 7 dl) Milch und ein wenig Butter zu einem Muß, schlag 4 Eyer darein und laß es kalt werden. Mach kleine Küchle daraus, kehr sie in Eyer und Brodsamen um, bach sie im Schmalz gelb und bestreu sie mit Zucker und Zimmet.

Reis - Küchle
Koch das Reis in der Milch ganz dick, dann laß es kalt werden; thu Zukker, Zimmet und ein wenig Mehl daran, rühr dieses mit so viel Eyer an, daß man von dem Teig in der Hand runde oder lange Nudeln machen kann; dann bache sie im Schmalz langsam gelb..

Reisknopf im Papier
Verstoß 1/2 Vierling (6 dkg) Reis, koch ihn mit 1 Schoppen (3,5 dl) Milch zu einem Muß, dann laß es kalt werden. Rühr 1/2 Vierling (6 dkg) Butter ab, rühr 3 Eyerdotter, eins nach dem andern, darein, 1/2 Vierling (6 dkg) Zucker und etwas Zimmet. Schlag von 3 Eyerweiß ein Schnee und lummere ihn darein. Streich 1/2 Bogen mit Butter, leg ihn in ein mit Butter bestrichenes Reinle, füll den Teig darein, thu das Papier darüber her, thu heisses Wasser in ein Kastrohl, stell das Reinle darein, thu Glut darunter, daß das Wasser immer siedet, oben aber nur ein wenig und laß den Knopf kochen. Dann schlag ihn heraus und mach folgende Soos daran :
Strudle 3 Eyerdotter mit gestossenem Zucker, schütt 1 Schoppen daran und strudle es bey der Glut. Richt die Soos in die Blatte neben dem Knopf an, bestreu den Knopf mit Butter und brenn ihn mit einem glühenden Eisen.

Kaiser - Koch
Rühr 1/2 Pfund (23 dkg) Butter ab, schlag 10 Eyerdotter, eins nach dem andern, darein, dann 1/2 Schoppen (ca. 1,8 dl) Rahm, 4 Löffel voll Mehl, 4 Loth (12 dkg) gestossenen Zucker, 4 Loth (12 dkg) geschnittene Mandel und Zitteronen, rühr alles wohl durcheinander. Streich ein Reinle mit Butter, thu es darein, koch es langsam im Ofen und bestreu es mit Butter.

Englischer Knopf
Schneide von 2 Kreuzer Schildbrod (ein ganzer Schild) die Rinde, weich sie in die Milch ein und wenn es weich ist, so druck es aus, thu es in eine Pfanne und koch es zu einem Teig, dann laß es kalt werden. Rühr 1/4 Pfund (12 dkg) Butter ab, thu das gekochte Brod darein, rühr 7 Eyerdotter, eins nach dem andern, dazu und Zucker, bis es süß ist; reib ihn (zuvor) an Zitteronen ab. Schlag das Weisse zu Schnee, lummere ihn darunter. Streich ein Papier mit Butter, leg es in ein mit Butter bestrichenes Reinle, füll den Teig darein und bach es im Ofen. Man kann auch etwas Eingemachtes darein thun.

Mandelkoch
Thu 1 Handvoll geschelte und gestossene Mandel in eine Schüssel, auch 1 Handvoll Zucker; mische es durcheinander; dann schlag 5 Eyer und 7 Dotter, eins nach dem andern, gut verrührt dazu, auch klein geschnittenen Zitteronen; dieses rühr 3/4 Stund. Hernach zückere es gut, streiche ein Kastrohl mit Butter, thu es darein und bach es langsam schön gelb.

Kaiser - Knopf
Nimm Zucker, und zwar so viel, als 7 Eyer schwer sind, rühr ihn mit 7 Eyergelb ab, rühr 2 Loth (6 dkg) Änis und etwas fein geschnittene Zitteronen, 1/2 Pfund (23 dkg) Mandel, welche geschelt und in 3 Theil geschnitten seyn müssen; von 1/2 Pfund (23 dkg) großen Weinbeer löse die Stein (Kerne) heraus, rühr dieses darein, nimm 6 Eyer schwer Mehl, schlag von 7 Eyerweiß ein Schnee, lummere das Mehl mit dem Schnee nach und nach darein. Streich ein Model mit Butter, bestreu ihn mit ein wenig Mehl, füll den Teig darein und bache es im Ofen.

Kaiser - Buding (Pudding)
Weiche um 1 Kreuzer Schildbrod (1/2 Schild) in die Milch ein, schneide zuvor die Rinde weg, drucke es aus, thu es in eine Schüssel, nimm 1Vierling (12 dkg) geschelte Mandel, auch so viel Zucker, schlag 2 Eyer und 6 Dotter daran und 1/2 Schoppen (1,7 dl) süssen Rahm; verrühre alles gut miteinander. Streiche ein Model mit Butter, bestreu ihn mit Brodsamen, thu das Gerührte darein, stell es in ein Kastrohl mit siedentem Wasser und laß es 1 Stund im Dunst sieden, deck den Model gut zu. Und wenn man den Buding anricht, so mach einen Schotto (Chaudeau) darüber : Verrühr 6 Eyerdotter mit 1 Schoppen (3,5 dl) Wein und Zucker, strudle ihn bey der Gluth, bis er zu steigen anfängt, dann gieß es über den Buding und gleich zur Tafel.
Hinweis: Bei der Glut strudeln = im Wasserbad schlagen.

Schokalade - Krem
Reibe 1/4 Pfund (12 dkg) Schokalade, koch ihn in 1/2 Maaß (7 dl) Milch, bis es dick ist; dann laß ihn kalt werden. Rühr ihn mit 4 Eyer und 3 Dotter ab, thu ihn in eine Schale, stell dieselbe in siedentes Wasser und laß es kochen, bis es gesteht.

Semmel - Buding (Pudding)
Rühr 1/2 Pfund (23 dkg) Butter ab, rühr 4 Eyer und 1 Dotter nach und nach darein und um 1 Kreuzer (1/2 Schild) in die Milch eingeweichtes und ausgedruktes Schildbrod, etwas geschnittene Mandel, geschnittene große Weinbeer, Zucker und den Saft von 1 Pommeranze.Dieses verrühr gut, streiche ein Reinle mit Butter, bestreu es mit Brodsamen, thu den Teig darein und bach es langsam im Ofen. Reibe Zucker an Pommeranzen ab, schütt rothen Wein daran und laß ihn sieden. Schütt ihn über den Buding, stell ihn nochmals in Ofen, laß ihn gut anziehen und gib ihn mit Zucker bestreut zur Tafel.

Wein - Krem mit Zitteronen
Nimm 2 oder 3 Zitteronen, reibe sie an Zucker ab und schabe ihn ab; thu ein wenig Mehl in eine Schüssel, thu den abgeriebenen Zitteronen-Zucker dazu, rühr 12 bis 16 Eyerdotter darein und rühr es wohl ab. Dann schütt weissen Wein und Zimmet daran und rühr es auf dem Feuer, bis es sieden will. Dann thu es in eine Schüssel, laß es kalt werden, bestreu es mit Zucker und brenn es.

Äpfel - Krem
Schele die Äpfel, höhle sie aus, koch sie mit Zucker und Wasser, rühr (reib) Zucker an Zitteronen ab, stosse ihn, rühr ihn mit 7 Eyerdotter und 1 Schoppen (3,5 dl) Milch an; dann stell es aufs Feuer, bis es sieden will, aber daß es nicht zusammenläuft. Schlag das Weisse zu Schnee, rühr ihn darunter, leg die Äpfel auf eine Blatte, füll sie mit etwas Eingemachtem; dann schütt es (die Eiermasse) darüber und laß es im Ofen bachen.
Hinweis: zusammenlaufen = gerinnen

Aufgezogenes Muß
Nimm eine Kelle voll Mehl, 2 Eyer mit wenig Salz, rühr es mit 1 Schoppen (3,5 dl) siedenter Milch an, dann schütt es wieder in die Pfanne und laß es sieden, rühr es immer.. Thu es dann in eine Schüssel und laß es kalt werden. Thu gestossenen Zucker, der an Zitteronen abgerieben ist, Zimmet, 2 Eyer und 1 Löffel voll sauren Rahm daran, rühr dieses wohl untereinander und koch es mit unten und oben Glut.

Mandel - Schnitten
Schele 1/2 Vierling (6 dkg) Mandel, stosse sie fein, rühr siemit 2 Eyer, 2 Handvoll Brodsamen, Zimmet und klein geschnittenen Zitteronen wie auch Zucker eine Zeitlang. Schneide Schildbrod - Schnitten, thu auf jede (Schnitte) 1 Löffel voll von dem Gerührten, leg sie auf ein Blech und bach sie im Ofen; und wenn sie gebachen sind, so laß sie noch im Zucker und weissen Wein aufkochen.

Schokalade - Muß
Laß 2 Loth (6 dkg) geriebene Schokalade, 2 Loth (6 dkg) Zucker und ein wenig Zimmet mit 1 Schoppen (3,5 dl) Milch ein wenig sieden, dann laß es kalt werden und seihe es durch ein Tuch. Verrühr 2 Eyer und 2 Dotter, schütt das Durchgedrückte daran, streich ein Reinle mit Butter, schütte das Angerührte darein und laß es mit unten und oben Glut oder im Ofen bachen.

Aufgezogenes Kindsmuß
Mach von 1 1/2 Schoppen (etwas mehr als ein halber Liter) Milch ein Kindsmuß und laß es verkalten. Verrühr 1/2 Vierling (6 dkg) Butter, schlag von 4 Eyer die Dotter, eins nach dem andern darein, stosse einen Brocken Zucker, der an Zitteronen abgerieben ist, thu den gestossenen Zucker wie auch das kalte Muß darein und rühr alles wohl. Hernach schlag das Weisse von 4 Eyern zu Schnee und rühr ihn langsam darein. Streiche ein Kastrohl mit Butter und mach von Eyern einen Boden und Rampf (Rand) darein, schütt den gerührten Teig darein und bach es im Ofen.

Mandelotte
Nimm 1 Vierling (12 dkg) Mandel, reib sie mit einem Tuch sauber ab und röste sie wie Kaffee, dann reibe sie wieder ab und stosse sie fein. Laß 1/2 Maaß (ca. 7 dl) Milch sieden, dann thu Zucker, Zimmet und die gestossenen Mandel darein, laß es eine Weile stehen und sieden, hernach seihe es durch eine Tuch. Verrühr 6 Eyerdotter, laß das Geseihte wieder sieden, schütt es an die Eyerdotter, strudle es stark, füll es dann in die Kannte (Gefäß) und trag sie mit einem Teller gebähten Brodschnitten auf.

Gestandene Mandelmilch
Stoß 1 Handvoll abgezogene Mandel, siede sie in 1 Schoppen (3,5 dl) Milch, Zucker und Zitteronen. Dann laß es kalt werden, druck es durch ein Tuch, rühr 4 Eyerdotter darein, strudle es wohl, thu es in ein weisses Schüssele (aus Porzellan), stell es in siedentes Wasser, thu oben ein wenig Glut darauf und laß es gestehen. Dann laß es kalt werden, streu Zucker darauf und brenn es; dann bestreu es mit Mandel.

Zimmet - Schnitten
Weiche Schildbrod-Schnitten in rothen Wein ein, dann kehre sie in Eyer um und bache sie im Schmalz. Hernach bestreu sie noch mit Zucker und Zimmet.

Zitteronen - Gille (Gelee)
Mach eine Sulz von Kälberfüß, siede 1/2 Maaß (7 dl) Wein mit 1/2 Pfund (23 dkg) Zucker und gib dazu von 2 Zitteronen die Schale, groß geschnitten, und den Saft; dann laß es kalt werden.Siede die gemachte Sulz mit 3 Eyerklar, dann rühr sie zu dem Gekochten, stell es wieder auf das Feuer und rühr es, bis es sieden will. Dann laß es langsam durch ein Tuch rinnen, thu es in Gläser oder Schalen und laß es stehen.
Hinweis: Statt Kälberfüß 3 oder 4 Blätter Gelatine verwenden.s

Gebrathene Milch
Verrühr Zucker mit 6 Eyerdotter, rühr 1 Schoppen (3,5 dl) Rahm darein, schütt es in eine weisse Schüssel (Porzellan), stell sie in siedentes Wasser, mach unter das Wasser eine Glut und oben nur in der Mitte ein wenig, laß es im Wasser, bis es ganz dick ist, dann laß es verkalten; streu Zucker darauf und brenn es mit einem glühenden Eisen zuckergelb.

Jesus - Müßle
Nimm gestossenen Zucker, 1 Löffel voll Mehl, rühr 5 Eyerdotter darein und 1/2 Schoppen (1,7 dl) Milch. Bestreich ein Reinle mit Butter, füll den Teig darein und bach es mit unten und oben Glut.

Mandelberg
Stoß 1 Pfund (46 dkg) geschelte Mandel groblecht, dann 1/2 Pfund (23 dkg) gestossenen Zucker und von drei Zitteronen den Saft; dieses rühr gut untereinander, bis es zu schäumen anfängt; auch klein geschnittene Zitteronen gib dazu. Dann bestreiche ein Blech mit Butter, thu das Gerührte hoch darauf und bach es roslicht.

Glasirte Pastetle
Nimm einen runden Boden von Butterteig, streich ihn aussen um den Rampf (Rand) mit Eyer an. Dann stich 2 runde Kräntzle aus, das obere ein wenig kleiner, leg sie darauf, überstreich sie mit Eyer, leg sie auf ein Blech und bach sie im Ofen. Wenn sie gebachen sind, so überstreich sie mit geleutertem Zucker, bestreue sie mit Zuckermies und fülle sie mit etwas Eingemachtem.
Hinweis: Nimm Blätterteigpastetchen, Zuckermies (Zuckermoos) = Hagelzucker

Mandel und große Weinbeer zu bachen
Nimm 1/2 Ellen (64 cm) langen Faden in eine Nadel und stich geschelte Mandel und Weinbeer wechselweis daran. Mach einen Teig von Mehl, Eyer, Zucker und süssem Rahm, drücke die angefaßte Schnur darein, bache sie im heißen Schmalz gelb, laß sie ablaufen. Dann schneide den Faden davon und bestreu sie mit Zimmet und Zucker.
Hinweis: den Faden herausziehen.

Mandelkoch
Schneide für 2 Kreuzer Schildbrod (1 Schild) und bähe es braungelb; dann stoß es fein, koch es mit weissen Wein wie ein Muß, hernach laß es kalt werden. Stoß 1/4 Pfund (12 dkg) geschelte Mandel fein, leutere 1/4 Pfund (12 dkg) Zucker, bis er spinnt, dann thu die Mandel darein und laß es wie ein Muß kochen. Dann thu es zu dem Verkalteten und rühr es mit 3 Eyergelb 1 Stund; nimm auch Zimmet, geschnittene Zitteronen, Pommeranzen und 2 Löffele geriebene Schokalade, rühr dieses auch wohl darunter. Dann schlag das Weisse von 3 Eyer zu Schnee, lummere ihn darunter. Streich ein Model mit Butter, besäh ihn mit Brodsamen, füll den Teig darein und bache es im Ofen.
Hinweis: Dieses Rezept ist für ein besonders feines Soufflee´.

Mandelschmaren
Stoß geschelte Mandel und Zucker, schlag von 6 Eyer einen Schnee, thu die Mandel und Zucker darein und rühr es durcheinander. Streich eine weisse Blatte mit Schmalz, thu die Schmaren darauf, bestreu sie mit Zukker und bach sie im bereits (fast) kalten Ofen.

Pfersich
Zu 6 Stück nimm 1 Pfund (46 dkg) geschelte Mandel und 1/2 Pfund (23 dkg) Zucker; dieses stoß miteinander wie Mehl so fein. Dann steck eine ganze ungeschelte Mandel an einen Drath und mach von dem Gestossenen an den Mandelkernen eine Form wie Pfersich, hänge sie dann am Drath auf und laß sie trocken werden. Dann kehr den Pfersich in aufgelösten Hausenblasen um und laß ihn wieder trocknen. Dann mach auf der Seite einen Schnitt darein, siede Duelisan oder Spanischen Flor (= Spanisches Rot, Safflor oder falscher Safran, früher zum Färben von Konditorwaren benutzt), mache ihn dann auf der einten Seite roth und laß es wieder trocknen; endlich budere (pudere) ihn mit Mehl.
Hinweis: Hier wird wieder Marzipan erzeugt. Rohmarzipan gibt es heute zu kaufen. Maria Katharina Nesensohn bietet uns ein Rezept zur Herstellung eines Pfirsichs mit Mandelkern. Dies ist nur für ganz geduldige Köche.

Provesen (Pafesen, gefüllte Weißbrotschnitten)
Schneide Brodschnitten und überstreich sie mit Zwetschgen-Muß, hernach leg wieder alle aufeinander, bis das Schildbrod auf ist; dann binde es zusammen und bach es im Schmalz. Dann schneide auf der anderen Seite Schnitten davon. Man kann auch das verschnürte Laible in Eyer oder in Teig umkehren und bachen.

Pommeranzen - Koch
Rühr 2 Eyer groß Butter ab, schlag 3 Eyer daran, thu um 2 Kreuzer Schildbrod (1 Schild), von 1 Pommeranze den Saft und Zucker, daran abgerieben, dazu bestreiche eine Form mit Butter, bestreue sie mit Brodsamen, thu den Koch darein, bestreu ihn auch oben mit Brodsamen und bache ihn im Ofen.

Mandel - Provesen (Pafesen)
Nimm 1 Vierling (12 dkg) geschelte Mandel, stosse sie, auch 6 Loth (18 dkg) Zucker, schlag 2 Eyer und 4 Dotter daran und rühre es so lang, bis es dick ist. Schneide Schildbrod-Schnitten, dünke sie ein und bache sie im Schmalz gelb.

Rahm - Pastetle
Verrühr 3 Eyerdotter, thu Zucker dazu, auch süssen oder sauren Rahm; dann füll Butter-Pastetle damit, mach aber keinen Deckel darauf und bach sie im Ofen.

Gefrornes von Punsch
Siede Thebu (Schwarztee) in 8 Gläser voll Wasser, dann seihe es an Zukker, der an Zitteronen oder Pommeranzen abgerieben ist, und drucke den Saft daran. Nach diesem schütte 1 Schoppen (3,5 dl) Arrack (Arrak) daran und mach es wie bey den andern.
Hinweis: Dies wird in der "Büx" solange gerührt, bis es zu Eis wird.

Gefrornes von Quitten
Koche Quitten weich im Wasser, nimm so viel Wasser, daß sie schwimmen. Nimm 1 Stück Zimmet dazu, dann treib sie durch ein Tuch. Zu 1 Pfund (46 dkg) Quitten kommt 1/2 Pfund (23 dkg) gestossenen Zucker. Rühr es miteinander ab und mach es wie bey den andern.

Quitten - Koch
Siede 4 Quitten lind (weich), treibe sie durch eine Seihe, rühre 1/4 Pfund (12 dkg) Butter ab, thu die Quitten darein, schlage 2 Eyer und 2 Dotter gut verrührt dazu, auch 3 bis 4 Löffel voll süssen Rahm und Zucker, rühr es 1/2 Stund. Streich ein Model mit Butter, thu es darein und bach es langsam.

Gefrornes von Rosen
Nimm blaurothe (violette) Rosen, zupfe die Blätter in einen Seiher ab, schütt Wasser darüber, dann schneide sie fein; nimm 2 Handvoll, siede sie eine Zeitlang in 1 Maaß (1,3 l) Milch, dann seihe sie durch ein Tuch in ein Kastrohl und stell es wieder auf die Glut. Thu 1/4 Pfund (12 dkg) Zukker und ein Stück ganzen Zimmet (Zimtstange) dazu, laß es kochen, bis es ganz dick wird; dann strudle es mit 8 Eyerdotter ab und laß es noch einmahl aufkochen. Dann laß es kalt werden, thu es in die Büx und treibe es im Eis. Dieses ist für 6 Personen.

Rothe Tiroler Sulz
Thu Kälber-Sulz in eine Pfanne, schütte rothen Tiroler Wein daran, Zitteronen, Zimmet, Nägele und Zucker; laß es 1/4 Stund langsam kochen. Dann laß sie durchrinnen und wenn sie nicht hell ist, so laß sie wieder durchrinnen; ist sie noch nicht hell genug, so verschlag 1 oder 2 Eyer, rühr sie darein und laß sie noch eine Weile sieden; dann laß sie wieder abrinnen und laß sie stehen.
Hinweis: Anstatt Kälbersulz verwendet man heute Aspikpulver.

Imbeer - Sulz (Himbeer-Sulz)
Nimm Imbeer-Saft, Zucker und weissen Wein, auch aufgelöste Hausenblasen oder Kälberfüß-Sulz, laß dieses miteinander sieden; dann laß es durch ein Tuch rinnen und stehen. Diese kann auch von Johannisbeer gemacht werden.
Hinweis: Anstatt Hausenblase oder Kälbersulz verwendet man Blattgelatine oder Aspik.

Mandel - Sulz
Butze die Kalbsfüß, verschneide sie, siede sie aber so langsam wie es seyn kann, verschäume sie und laß sie so sieden, bis die Beiner abgelöst sind; dann schütt sie ab und laß sie stocken; thu oben den Belz und unten den Satz (Bodensatz) weg, laß sie in einer gelben Pfanne heiß werden. Röste 1/2 Pfund (23 dkg) geschelte Mandel unter dreymahlen und schütt jedesmahl etwas von der heissen Sulz daran und druck sie jedesmahl durch ein Tuch. Dann nimm die durchgedrukten Mandel, schütt 1/2 Schoppen (ca. 2 dl) Rahm daran und drucke sie wieder durch ein Tuch an die Sulz. Reibe Zucker an Pommeranzen oder Zitteronen ab, stosse ihn und rühr ihn mit einem silbernen Löffel an die Sulz. Hernach kann sie in eine Schüssel, Blatte oder Model geschüttet werden. Es darf in keiner Sulz mit eisenen Kellen oder Löffel gerührt werden.
Hinweis: Anstatt die Sulz zu machen kann Aspik genommen werden.

"Imbeersulz mit Waffele"

Schokalade - Sulz
Wenn die Mandel-Sulz gemacht ist, so reibe Schokalade, thu ihn darein und laß sie sieden; dann seihe sie durch ein Tuch.

Pommeranzen - Sulz (Orangen)
Siede die Kalbsfüß in Wasser und Markgräfler - Wein (Badischer Wein, meist Sorte Gutedel), dann laß sie wieder vergehen. Reibe den Zucker an den Pommeranzen ab, stoß ihn und drucke den Saft davon, thu den Zucker und Saft daran und laß ihn langsam durch ein feines Tuch rinnen. Die Zitteronen - Sulz kann auch so gemacht werden, blos statt Pommeranzen nimm Zitteronen.
Hinweis: Aspik mit mildem Weißwein aufkochen.

Johannisbeer - Sulz
Mach von diesen Beeren 1 Schoppen (3,5 dl) Saft, dann thu 1 Schoppen (3,5 dl) guten Wein dazu, thu dann 3 Vierling (36dkg) Zucker darein und laß es in einer gelben Pfanne sieden, bis es dick ist. Probiere es dann, ob sie sich sulzet, hernach füll es in Schalen oder Gläser; diese kann man lang aufbehalten.
Hinweis: Mit Gelatineblättern gelingt das Rezept sicher.

Kirschen - Sulz
Thu von schönen schwarzen Kerschen die Stiehl weg und die Stein heraus, dann stoße das Fleisch, thu es in eine gelbe Pfanne, schütt rothen Wein dazu und laß sie gut sieden, dann seihe es durch ein Tuch. Wenn es 1 Maaß (1,3 l) Saft ist, so thu 1/2 Pfund (23 dkg) Zucker, 1 Stück Zimmet und ganze Nägele dazu, laß dieses alles 1/4 Stund wieder sieden. Dann thu 2 Loth (6 dkg) aufgelöste Hausenblasen und den Schnee von 1 Eyerklar dazu, laß es noch ein paar Sutt aufthun, laß es dann einigemahl durch Tücher laufen, thu sie in Schalen oder Mödel und laß sie stehen. Nimm 1 Handvoll kleine Kerschen, dünste sie samt den Stiehlen in Zucker und Wein, aber daß sie nicht verspringen, dann seihe sie ab, laß sie kalt werden, und wenn die Sulz gestanden ist, so stecke die Kerschen zierlich darein.
Hinweis: Statt Hausenblase Blattgelatine (3-4 Stück) verwenden.

Aufgezogenes vom groben Semmel
Mach von 1 Schoppen (3,5 dl) Milch ein Semmel-Muß, dann laß es kalt werden; rühr 1/2 Vierling (6 dkg) Butter ab, rühr das Muß darein, auch 1 /2 Vierling (6 dkg) geschnittene Mandel, schlag 7 Eyer darein und Zucker, rühr dieses 1/2 Stund, schütt es in ein mit Butter bestrichenes Kastrohl und bach es im Ofen.
Hinweis: Verwende grobe Semmelbrösel.

Pommeranzen - Salath (Orangen)
Nimm süsse Pommeranzen, schneide sie in dünne Scheiben, leg sie auf einen Teller und thu Zucker darauf, bis sie süß genug sind. Dann kann man auch eingesottene Weichseln daran thun.

Quitten - Salath
Schele Quitten und schneide sie, übersiede sie im Wasser, hernach gieß das Wasser ab; nimm Wein und Zucker, laß die Quitten weich dünsten, leg sie auf eine Schüssel, thu in den Wein Zitteronen, Nägele und Zimmet und seihe sie über die Quitten.

Schotto - Sulz (Chaudeau)
Thu 12 Eyerdotter, 1 Maaß (1,3 l) guten Wein, 1 1/2 Loth (50 g) aufgelöste Hausenblasen und 1/4 Pfund (12 dkg) Zucker, der an Zitteronen abgerieben ist, in einen Hafen; strudle es beym Feuer so lang, bis es schäumet und zu dicken anfängt. Stelle dann den Topf in kaltes Wasser und strudle es, bis es ein wenig ausgekühlt ist. Dann füll es in Model und laß es stehen.

Grüne Sulz
Stoß 1 Handvoll Körbelkraut (Kerbelkraut) und druck den Saft durch ein Tuch, thu den Saft von 3 Zitteronen, 1 Maaß (1,3 l) Wasser, 1/4 Pfund (12 dkg) Zucker, der an Zitteronen abgerieben ist, etwas Zimmet und 1 1/2 Loth (ca. 5 dkg) Hausenblasen darunter. Diese Sulz leutere wie die andern und gib sie hernach in die Schale.
Hinweis: läutern = durch Tücher laufen lassen.

Gefrornes von Schokalade
Verrühr 4 Eyerdotter mit etwas gestossenem Zucker und 1 Kaffeelöffel voll Mehl, dann schütt ein wenig süssen Rahm daran und verrühr ihn. Reibe 3 Schokalade-Täfele, siede sie in 1 Schoppen (3,5 dl) Rahm in einer gelben Pfanne; dann laß es verkalten und rühr es in die Eyer, schütt es dann wieder in die Pfanne und rühr es, bis es zu dicken anfängt, es darf aber nicht sieden.Dann schütt es in eine Schüssel und laß es kalt werden. Wenn es kalt ist, schütt es in eine stürzene Büx (Blechgefäß), die eigens dazu gemacht seyn muß. Thu in ein hohes Fäßle oder Kübele Eis, stell die Büx in das Eis und treibe (drehe) die Büx immer, bis der Inhalt ganz gestockt ist und kehre das in der Büx mit einem Schäufele öfters um. Unter dem Treiben (Drehen) bestreue das Eis um die Büx öfters mit Salz, und wenn das Gefrorne ganz dick ist, so dupfe (tauche kurz) die Büx in siedentes Wasser, schlag das Gefrorne auf eine Blatte und trag es gleich auf.

Aufgezogenes von groben Semmel
Mach ein Muß von 1 1/2 Schoppen (1/2 l) Milch mit ein wenig Butter, Salz und groben Semmel; dann laß es kalt werden. Rühr Mark ganz weiß ab, dann rühr 6 Eyerdotter, eins nach dem andern, darein, auch Zucker nach Belieben. Rühr dann das Muß darein, schlag das Weisse von 6 Eyer zu einem Schnee und lummere ihn darein. Streich ein Reinle mit Butter, füll den Teig darein und bach es im Ofen oder mit unten und oben Glut. Bey dem Einfüllen kann etwas Eingemachtes dazwischengethan werden. Man kann auch statt Mark Butter nehmen.
Hinweis: Knochenmark wurde offensichtlich als Fett verwendet.

Wein - Sulz
Schneide 1 Loth (3 dkg) Hausenblasen in Stückle, weich sie etlich Stunden ins Wasser ein, dann thu sie in eine gelbe Pfanne, schütt 1/2 Maaß (7 dl) weissen Wein dazu und stell es auf das Feuer. Auch binde Zitteronen (wohl geschnittene Schalen), ganzen Zimet und ganzen Saffran in ein Tüchle und leg es zu dem Wein und laß alles solang sieden, bis die Hausenblasen aufgelöst sind. Schlag 1/4 Pfund (12 dkg) Zucker zu Bröckle, 1 geschnittene Zitterone und deren Saft thu in eine Schüssel, schütte den siedenten Wein daran und rühr es mit dem Löffel, bis der Zucker vergangen ist.
Hinweis: Anstatt Hausenblasen 6 Blatt Gelatine; am Schluß in Formen füllen und erkalten lassen.

Aufgezogenes Schildbrod
Schneide von 2 Kreuzer Schildbrod (ein Schild) die Rinde weg, schneide das Brod zu Schnitten und weich es in Milch ein. Rühr 1/2 Vierling (6 dkg) Butter ab, druck das geweichte Brod aus, rühr es wohl in Butter ein, rühr das Gelbe von 4 Eyer, eins nach dem andern, darein, reib etwas Zucker an Zitteronen ab, stoß ihn fein und thu ihn dazu. Schlag das Weisse von 4 Eyer zu Schnee und rühr ihn langsam darein, schütt es in ein mit Butter bestrichenes Kastrohl und bach es im Ofen. Man kann etwas von eingemachten Kerschen oder von Johannisbeer oder von Imbeer (Himbeer) oder von Zwetschgen dazwischenthun oder auch ein wenig Zitteronensaft. Dieses kann man auch von Eyerbrod machen.

Schneeballen
Schlag von 6 Eyerweiß einen Schnee, nimm ein Löffel voll um den andern und laß ihn in der Milch anziehen, dann thu sie auf eine Schüssel. Verrühr das Gelbe von den Eyern mit Zucker und thu es auf das Feuer, bis es sieden will. Dann schütt alles an die Schneeballen.
Hinweis: In heißer Milch vorsichtig kochen.

Schokalade - Krem

Reibe 3 Schokalade-Täfele, siede denselben in 1 Schoppen (3,5 dl) Rahm; verrühr 6 Eyerdotter mit 1 Kaffelöffel voll Mehl, dann schütt den gesottenen Schokalade unter stätem Rühren an die Eyer, thu es in eine gelbe Pfanne und laß es auf dem Feuer, bis es sieden will und dicken. Hernach thu es in eine Schüssel zum Verkalten, bestreu es mit Zucker und brenn es mit einem glühenden Eisen.

Nockerle mit Schnee und Schotto (Chaudeau)

Schlag das Weisse von 12 Eyer zu einem dicken Schnee, nimm 1/2 Pfund (23 dkg) Zucker, reib ihn an 2 Zitteronen und 2 Pommeranzen ab, stosse die Hälfte fein und rühr ihn in den Schnee. Laß 1/2 Maaß (ca. 7 dl) Wein in einer gelben Pfanne sieden, dann mach mit einem Löffel von dem Schnee Nockerle darein und laß sie sieden, bis alle darein sind; dann nimm sie mit dem Schaumlöffel heraus und laß sie abtropfnen, leg sie in eine tiefe Schüssel. Nimm den Wein dazu, bis es 1/2 Maaß (7 dl) ist, mach von 12 Eyerdotter und der andern Hälfte Zucker einen Schotto, gieß ihn über die Nockerle, bestreu sie mit Zucker und stell sie in Ofen, daß sie Farb bekommen. Auch kann man den Zucker darauf brennen.
Hinweis: auf Dampf dick schlagen; den Zucker karamelisieren.

Vanillkoch

Nimm 4 Löffel voll Brodsamen und 1 Schoppen (3,5 dl) süssen Rahm, 7 Eyerdotter und um 12 Kreuzer (nach Geldwert ca. S 50.-, heute sind Gewürze allerdings billiger.) gestossenen Vanilie. Rühr es gut ab, thu es im Kastrohl auf die Gluth und rühr es, bis es siedet. Und wenn es gesotten ist, so thu es auf die Blatte (feuerfeste Auflaufform), bestreu es mit Zucker und brenn es mit einem glühenden Eisen, dann gleich zur Tafel.

Veilchen - Gefrorenes

Nimm 3 Schalen voll Veilchen-Saft, reibe Zucker an Zitteronen ab, nimm den Saft, seihe alles durch ein Tuch, laß es auf der Glut kochen und dann kalt werden; dann thu es in die Büx.

Veilchen - Saft

Nimm 16 Loth (48 dkg) gezupfte Veilchen, thu sie in eine zinnene Schüssel, gieß 1/2 Maaß (7 dl) siedentes Wasser daran und laß es über Nacht stehen, dann preß es aus. Auf 1 Schoppen (3,5 dl) Saft nimm 1 Pfund (46 dkg) feinen Zucker (Staubzucker), laß es mitsammen in einer zinnenen Schüssel aufsieden, druck es nochmals durch ein Tuch, laß es auskühlen, dann füll es in Gläser.

Waffele
Verrühr 8 Loth (24 dkg) Butter, bis er weiß ist, dann nimm 6 Eyer nacheinander und zu jedem Ey 1 Löffel voll Mehl, rühr es besonders ein. Zulezt nimm noch 2 Löffel voll Mehl und sauren oder süssen Rahm, auch etwas Salz, und rühre alles durcheinander. Dieses wird mit einem Waffeleisen gebachen.

Waffele
Nimm 6 Löffel voll Mehl, auch Salz, mach mit süssen und sauren Rahm einen dicken Teig an; rühr 6 Loth (18 dkg) Butter ab, dann schlag 6 Eyer, eins nach dem andern, darein, rühr den gemachten Teig darein, bache sie im Eisen (Waffeleisen) und bestreu sie mit Zucker.

Mandel - Waffele
Rühr 6 Loth (18 dkg) Butter ab, rühre 6 Eyer, eins nach dem andern, darein, rühr 1/4 Pfund (12 dkg) Zucker, 1/4 Pfund (12 dkg) geschelte, gewiegte Mandel, gewiegte Zitteronen-Schelfen (feingehackte Zitronen-Schalen) und gib nach und nach 1/4 Pfund (12 dkg) Mehl dazu. Mach den Teig mit lauer Milch etwas dünner und bach sie wie die andern Waffele.

Hart gebachene Schokalade - Waffele
Rühr 4 Loth (12 dkg) Butter ab, thu 1/4 Pfund (12 dkg) Zucker, 1/4 Pfund (12 dkg) geschelte, fein gestossene Mandel, 6 Loth (18 dkg) geriebene Schokalade und 6 Eyer darein; dieses rühr 1/2 Stund. Dann thu 6 Loth (18 dkg) Mehl darunter und mach mit lauem weissen Wein den Teig nicht gar zu dünn an und bache sie wie die andern.

Zitteronen - Gefrornes
Reibe 1/2 Pfund (23 dkg) Zucker, reib ihn an 8 Zitteronen ab; thu ihn in eine Schüssel und drucke den Saft daran. Koche 1/2 Pfund (23 dkg) Zukker mit einer Kaffeeschale voll Wasser in einer Pfanne, scheume ihn ab und laß ihn kochen, bis er spinnt. Dann nimm den Zucker, den Saft und ein paar Kaffeeschalen voll Wasser, laß dieses noch einmal aufkochen. Dann seihe es, laß es kalt werden, hernach thu es in die Büx (Eismaschine).

Zitteronen - Koch
Schlag 8 Eyer in eine Schüssel, thu 8 Loth (24 dkg) gesiebten Zucker, von 3 Zitteronen den Saft und den Zucker, an den Zitteronen abgerieben, dazu und rühr es 1/4 Stund; zulezt rühr 3 Löffel voll frisches Wasser hinein. Thu alles in ein Kastrohl, rühr es auf der Glut, bis es dicklecht wird und ein wenig in die Höhe steigt, dann gieb es geschwind zur Tafel.

Zwetschgen - Koch

Siede Zwetschgen im Wasser lind, treib sie durch einen Seiher; röste Brodsamen mit Butter gelb, thu das Durchgetriebene darein, thu Wein, Zucker und Zimmet dazu und laß es kochen.

Kuchen und Gebäck

Gugelhopf

Rühr 1/2 Pfund (23 dkg) Butter ab, rühr ein kleines Trinkglas voll Wein und 2 Löffel voll Hepf (Hefe) dazu, hernach 1 Ey und 7 Dotter, eins nach dem andern verrührt, ein wenig Salz, rühr 1/2 Pfund (23 dkg) Mehl darein, 8 dkg Zucker, schlag den Teig gut ab und fülle ihn in einen mit Butter bestrichenen Model; laß ihn gehen und bach ihn im Ofen schön gelb.

Abgerührter Gugelhopf

Rühre 1 Vierling (= 12 dkg) Butter und 1 Vierling (= 12 dkg) Schmalz weiß ab, rühr 4 warme Eyer, eins nach dem andern, darein und 3 Dotter; wenn dieses recht gerühret ist, so thu 2 Löffel voll Bierhepf (Hefe), 1 Kaffeeschale voll süssen Rahm, Salz und 3 Vierling (= 36 dkg) Mehl zu einem glatten Teig, bis er sich vom Löffel schlagt. Füll ihn in einen mit Butter bestrichenen Model, laß ihn gehen, dann bache ihn im Ofen. Wenn man will, so kann man auch 4 Loth (= 6 dkg) Weinbeer darein thun.
Zucker-Haag:
Nimm langlecht geschnittene Mandel, Pistazi, Zittronath, Pommeranzen-Schalen und Zucker. Dieses rühr mit Eyerklar durcheinander. Dieses wird zu Tortenzieren gebraucht.

Hepfkuchen (Hefekuchen)

Schele 60 Mandeln, verstoß sie, verrühr 1/2 Vierling (6 dkg) Butter und rühr die Mandel und 1 Ey in dem Butter, dann noch 2 Eyerdotter, 1 Löffel voll Hepf und Mehl, bis es so dick ist wie ein Gugelhopf; thu auch Salz dazu, dann schütt es in ein mit Butter bestrichenes Reinle, laß es auf dem Ofen gehen, dann bach es im Ofen. Wenn man will, so kann mans in Stückle schneiden und in Milch und Zucker aufkochen.

Zitteronen - Küchle

Rühr 1/4 Pfund (12 dkg) gesiebten Zucker mit 1 Eyerweiß 1/4 Stund lang, dann drucke 5 bis 6 Tropfen Zitteronen-Saft darein, auch klein geschnittene Zitteronen; rühr dieses noch 1/4 Stund, dann setz kleine Häuflein auf Obladen oder weiß Papier und laß sie im nicht zu heissen Ofen bachen.

Pommeranzen - Küchle (Orangen)

Reib 1/4 Pfund (12 dkg) Zucker an Pommeranzen ab, stoß ihn fein, schlag 1 Eyerweiß zu Schnee, lummere den Zucker darein, auch 1 Loth (3 dkg) Mehl und 8 geschelte, fein gestoßene Mandel. Setze kleine Häuflein auf Obladen und bach sie im nicht zu heißen Ofen.

Änis - Schnitten (Anis)
Nimm 1 Pfund (= 46 dkg) gestossenen Zucker, schlag 3 Eyer und 3 Dotter darein und rühr es 1 Stund. Dann stoß 1 Loth (3 dkg) Änis, 1 Loth Hollrander fein, 1/4 Pfund (= ca. 12 dkg) langlecht geschnittene Mandeln und 1 Pfund (= 46 dkg) Mehl, dieses rühr alles an den Zucker, bestreiche ein Model mit Butter, thu den Teig darein und bach es im Ofen. Laß es über Nacht stehen, hernach schneide Schnitten daraus.
Hinweis: Hollrander = Oleander (giftig !)

Äpfelfülle in eine Buttertorte
Koche die Äpfel zu einem Muß mit Wein, Zucker, Zimmet und geschnittenen Zitteronen, dann laß es kalt werden und fülle die Torte damit.
Hinweis: Den Boden und den Rand mit einem Mürbteig belegen und oben ein Gitter darauf machen.

Biber - Zeltle (Plätzchen)
Mach 1 Maaß (ca. 1,3 l) Honig warm, dann thue 3/4 Pfund (ca. 35 dkg) Zucker, 2 Loth (6 dkg) Zimmet, etwas gewiegte Zitteronen, 1 Glas Wasser, 1 1/4 Loth (ca. 4 dkg) Änis und Imper (Ingwer) dazu und Mehl, bis es einen dicken Teig gibt; wahle (walke) es aus, mach viereckichte Zeltle daraus, leg sie auf ein mit Mehl bestreutes Blech und bach sie im Ofen.
Hinweis: Diesen Teig sollte man etwa einen Tag rasten lassen.

Brief - Couvert
Zur Fülle wird 1/4 Pfund (ca. 12 dkg) geschelte Mandeln gestossen und 1/4 Pfund (12 dkg) Zucker, dieses wird mit 2 Eyer und 2 Dotter wie eine Mandeltorte abgerührt; auch kann man am Reibeisen geriebene Zitteronen dazu nehmen. Mach einen Butterteig, wahl (walke) ihn 2 Messerrücken dick aus, schneide ein Papier wie einen Brief-Couvert, leg es auf den Teig und schneide ihn darnach (querrechteckig). In die Mitte leg 1 Löffel voll von der Fülle, schlag die 4 Ecken in der Mitte zusammen, streich sie mit Eyer, leg sie auf ein Blech und bache sie im Ofen. In die Mitte, wo die Eck zusammenschliessen, leg ein rothes Zeltle (kleines, rundes Zuckergebäck) statt des Sigills (= Siegels). Schlag die Ecken wohl zusammen, daß die Fülle nicht herauskommt.

Schokalade - Küchle
Rühr 1/2 Pfund (23 dkg) gesiebten Zucker mit 5 Eyer 1/2 Stund, dann thu 4 Loth (12 dkg) geriebene Schokalade und 12 Loth (36 dkg) Mehl dazu. Streiche ein Blech mit weißem Wachs, dann setz kleine Häuflein von Teig darauf und bach sie langsam im Ofen.

Bisquittorte
Stoß 1/2 Pfund (ca. 23 dkg) Zucker fein, siebe ihn, rühr 12 Eyerdotter, eins nach dem andern, darein und rühre es 1/2 Stund immer nach einer Seite. Siebe 1 1/2 Vierling (= ca. 18 dkg) Mehl, schlag das Weisse von 12 Eyer zu Schnee und rühr ihn langsam mit dem Mehl darein. Bestreiche einen Model mit heiß Schmalz, bestreu ihn gleich mit Brodsamen, füll den Teig darein und stell ihn gleich in heißen Ofen, sonst sezt sich das Mehl am Boden. Der halbe Theil Zucker kann an Zitteronen abgerieben werden.
Hinweis: Model = Torten - und Kuchenform jeder Art.

Bisquittorte
Nimm 1/4 Pfund (= ca. 12 dkg) gesiebten Zucker (Staubzucker), rühr ihn mit 5 Eyerdotter 1/2 Stund nach einer Seite, strudle 5 Löffel voll dicken, süssen Rahm (aber nicht bey dem Feuer), rühr ihn darein, schlag von 4 Eyer einen Schnee und rühr ihn mit 3 Loth (= ca. 10 dkg) gesiebtem Mehl darein. Bestreiche einen Model mit heißem Schmalz, bestreu ihn mit Brodsamen, füll den Teig darein, bestreu ihn oben mit Zucker und stell ihn gleich in heißen Ofen.

Mandel - Küchle
Nimm 1/4 Pfund (12 dkg) Butter, 1/2 Pfund (24 dkg) Mehl, 4 Loth (12 dkg) Zucker und 2 Eyerdotter, dieses wird auf dem Nudelbrett durcheinandergemacht und messerrückendick ausgewahlt (ausgewalkt), mit einem Trinkglas Küchlein ausgestochen und auf ein mit Butter bestrichenes Blech gelegt. Dann wiege 1/2 Vierling (6 dkg) geschelte Mandeln und vermische sie mit ebensoviel Zucker. Bestreich die Küchlein mit Eyer, streu den Zucker und Mandel darauf, druck Zitteronen-Saft darauf und bach selbe im Ofen.

Kaffee - Küchlein
Laß 1 Schoppen (3,5 dl) Milch mit 1 Vierling (12 dkg) Butter sieden, dann rühr 14 Loth (42 dkg) Mehl darein; dieses rühr auf dem Feuer, bis es sich von der Pfanne ablöst. Dann thu solches in eine Schüssel und rühr es mit 6 Eyer und 1/4 Pfund (12 dkg) Zucker glatt ab; dann setz die Küchle mit einem Löffel auf ein mit Mehl bestreutes Blech, streich sie mit Eyer an, bestreu sie mit Zucker und laß sie im nicht gar zu heissen Ofen bachen.

Nonnen - Kuchen
Thu 1/2 Pfund (23 dkg) Zucker in eine Schüssel, verrühr ihn mit 2 Eyer, thu 12 Loth (36 dkg) Mehl dazu, auch geschnittenen Mandel. Mach kleine Ringle auf Blatten und bache sie im Ofen.

Weichsel - Kuchen
Rühr 5 Loth (ca. 15 dkg) Butter ab, dann thu 4 Loth (12 dkg) gestossene Mandel, 5 Eyer und 6 Dotter dazu, dann rühr 3 Löffel voll süssen Rahm, 8 Loth (24 dkg) geriebene Brodsamen und 1 Vierling (12 dkg) gestossenen Zucker dazu, verrühr es gut. Schlag das Weisse von 6 Eyer zu Schnee und rühr ihn langsam darein, dann laß es eine Weile stehen. Thu 1 Pfund (46 dkg) abgestielte Weichseln darein, streiche ein Reinle mit Butter, bestreue es mit Brodsamen, füll den Teig darein und bache es langsam.

Kerschen - Kuchen
Siede etwas dürre (getrocknete) Kirschen weich, dann schütt sie ab und laß sie kalt werden. Weich das Linde von 2 Kreuzer Schildbrot (ein Schild) in die Milch ein, röste um 2 Kreuzer geriebenes Brod (Semmelbrösel) im Schmalz, thu es in eine Schüssel und feuchte es mit rothem Wein an. Rühr 1/2 Pfund (23 dkg) Butter ab, dann rühr 8 Eyerdotter, eins nach dem andern, darein, dann gestossenen Zucker und Zimmet; drucke das eingeweichte Brod aus und rühr es darein, dann die Brodsamen und Kirschen, rühr es wohl durcheinander; schlag das Weisse von 8 Eyer zu Schnee und rühr ihn langsam darein. Streich ein Reinle dick mit Butter, besäh es mit Brodsamen, füll den Teig darein und bach es im Ofen oder mit unten und oben Glut. Dieses kann auch von grünen Kirschen gemacht werden, diese darf man aber nicht sieden. Wenn er gebachen ist, so leg ihn auf einen Seiher.

Kaiser - Küchle
Rühr 1/4 Pfund (12 dkg) fein gestoßenen Zucker mit 4 Eyergelb eine Weile, thu 1/4 Pfund (12 dkg) große, 1/4 Pfund (12 dkg) kleine Weinbeer, 1/4 Pfund (12 dkg) ganze, geschelte Mandel und 1/4 Pfund (12 dkg) Mehl dazu. Dieses rühr wohl durcheinander, schlag das Weisse von 4 Eyer zu Schnee, rühr ihn darunter. Bestreu ein Blech mit Mehl, setz Küchle darauf und bach sie im Ofen.

Kaffee - Brod
Nimm 1/2 Pfund (23 dkg) Mehl, 4 Loth (12 dkg) Zucker, 1 Ey und 2 Löffel voll Hepf (Hefe) mit lauer Milch und etwas Butter darein, mach einen festen Teig an; nimm auch ein wenig Änis. Klopfe den Teig recht stark, dann laß ihn gehen. Hernach mach 2 lange Laible daraus, leg sie auf ein mit Butter bestrichenes und Mehl bestreutes Blech, leg sie nicht zu nahe aneinander. Dann laß sie wieder gehen und bach sie im Ofen gelb. Wenn man will, kann man sie in Schnitten schneiden, wenn sie kalt sind, und auf dem Rost bähen.

Glasirtes, durchsichtiges, erfülltes Konfeckt

Nimm 1/2 Pfund (23 dkg) feinen Zucker, thu 12 Löffel voll frisches Wasser daran, laß es in einer gelben Pfanne vergehen, dann laß es auf dem Kohlfeuer sieden, bis der Zucker auf einem Zinnteller nicht mehr stehen bleibt. Dann thu 5 Loth (ca. 15 dkg) guten Schleim dazu, laß es im Zucker 1 Vater Unser lang sieden; dann laß es ein wenig verkalten und verschäume es, damit es klar bleibt. Gieße es in die Mödel, leg sie zuvor ins Wasser und trockne sie wieder aus, dann laß sie über Nacht stehen. Schneide Papier auf die Mödel und schlag es heraus und laß es wieder trocknen. Dann streich das Papier mit Wasser an, daß sie weglassen und laß sie noch vollenz (gänzlich) trocknen.
Hinweis: Heute verwendet man Blattgelatine ca. 5 Stück. Benütze kleine Formen wie für Pralinen.

Wiener - Kuchen

Rühr 1/4 Pfund (12 dkg) Butter ab, rühr 8 Eyerdotter darein und 1/4 Pfund (12 dkg) Zucker; dieses rühr 1/2 Stund nach einer Seite. Schlag das Weisse von 8 Eyer zu Schnee und rühr ihn mit 3 Vierling (36 dkg) Mehl darein. Streich ein Model mit Butter, füll den Teig darein und bache es im Ofen.

Apostel - Kuchen

Siebe 1/2 Pfund (23 dkg) Mehl, stell es 24 Stund in die Wärme; dann mach mit der Hälfte vom Mehl, mit 2 Löffel voll Hepf (Hefe) und lau Wasser auf dem Nudelbrett einen festen Teig an; thu ihn in eine Schüssel, deck ihn zu und laß ihn gehen.Wenn er gegangen ist, so nimm ihn auf das Nudelbrett, thu die andere Hälfte Mehl, 1/4 Pfund (ca. 12 dkg) ausgewässerten Butter, 3 Eyer, 1 Eßlöffel voll Zucker und 1 Messerspitz voll Salz, wikle dieses alles zusammen. Bestreu ein Tuch mit Mehl, thu den Teig darein, leg ihn in eine Schüssel, schlag das Tuch darüber her und laß ihn wieder gehen. Wenn er gegangen ist, so nimm ihn auf das Nudelbrett, behre ihn wieder zusammen, thu den halben Teig auf ein mit Mehl bestreutes Blech, mach einen runden Kuchen daraus, drucke in der Mitte eine Höhle, streich sie mit Eyer und mach von der andern Hälfte ein Laible und leg es darein und streich ihn ganz mit Eyer; drück ihn ringsum mit dem Messerrücken und bach ihn im Ofen wie einen Gugelhopf. Und wenn er gebachen ist, so leg ihn auf einen Seiher und laß ihn solang liegen, bis er ausgekühlt ist.
Hinweis: Den ersten Teil etwas auswalken, die Zutaten mit der zweiten Hälfte Mehl in den ersten Teig einwickeln und in einem Tuch gehen lassen; hernach wieder zusammenkneten.

Ofen - Küchle

Nimm 1 Schoppen (3,5 dl) Milch, 12 Loth (36 dkg) Butter, 3 Loth (ca. 9 dkg) Zucker und ein wenig Salz, thu dieses in eine Pfanne, laß es sieden. Dann rühr 13 Loth (ca. 40 dkg) Mehl darein, rühr es auf dem Feuer, bis sich der Teig von der Pfanne löst. Dann thu ihn in eine Schüssel, rühr 7 Eyer darein; hernach setze sie auf wie die andern.

Hinweis: Mit einem Löffel runde Küchle auf das Blech setzen.

Krapfen

Mach Krapfen von Butterteig, streich sie mit Eyer an, bestreu sie mit Zukker, leg geschnittenen Mandel darauf und bach sie im Ofen.

Ofen - Küchle

Reibe Zucker an Zitteronen ab und laß ihn in Milch und Butter sieden; dann schütt Mehl darein, rühr es immer, bis es ganz dick ist und der Teig sich von der Pfanne löst. Dann thu ihn in eine Schüssel, rühr ihn mit Eyer ab; streich ein Blech mit Butter, wüsch es wieder ab, setz mit dem Löffel Küchle darauf und bestreich sie mit Eyer. Wiege Mandeln, vermisch sie mit Zukker und bestreu die Küchle damit. Dann bach sie im Ofen oder streich ein Reinle mit Butter, leg sie darein und bach sie mit unten und oben Glut.

Bleykuchen

Nimm 1/2 Pfund (23 dkg) gesiebtes Mehl, 1/4 Pfund (12 dkg) Butter, 1/2 Pfund (23 dkg) gestossenen Zucker, 1 Messerspitz voll Salz, 2 Eyerdotter, 1 obere Schaale (Suppentasse) süssen Rahm; aus diesem mach auf dem Nudelbrett einen feinen Teig an, stelle ihn 1/2 Stund in Keller, dann wahle ihn aus, und zwar so, daß er in ein Reinle paßt. Streiche das Reinle mit Butter, leg den Teig darein, schneide oben mit dem Messerrücken ein Gitter und drück ihn um und um. Streich ihn oben mit Eyergelb an und bach ihn im Ofen. Man kann ihn auch auf Blech bachen, dann mach einen Papierrampf (Rand) darum und bestreich ihn mit Butter.

Aepfel - Strudel

Nimm 1 Ey, Mehl und laue Milch und mach mit Butter einen weichen Teig an, daß man ihn ausziehen kann. Dann nimm ein Tuch, zieh den Teig dünn darauf, streiche das Blatt mit Butter, thu die dünn geblättlet geschnittenen Aepfel darein und roll ihn auf. Leg den Strudel in ein mit Butter bestrichenes Kastrohl, streich ihn oben mit Butter und sauren Rahm an und laß ihn im Ofen ein wenig anziehen, dann schütt Milch daran. Auch kann so ein Strudel mit Fleisch gefüllt werden.

Hinweis: An die Äpfel etwas Zucker, Zimt, Rum und Rosinen geben.

Braune Küchle
Schneide 1 Pfund (46 dkg) geschelte Mandel in Bröckle, röste sie auf der Glut, bis sie braun sind, leutere 1/2 Pfund (23 dkg) Zucker, rühr ihn mit 2 Eyer und 2 Dotter ab auf einer Seite, bis er dick ist, dann thu die Mandeln darein, auch 12 Loth (36 dkg) Mehl, auch Zitteronen und Muskatnuß, rühr alles wohl durcheinander. Streich ein Blech mit weiß Wachs, wüsch es wieder ab, setz Häufle darauf und bach es im Ofen.
Hinweis: läutern = Zucker vergehen und klar werden lassen

Laible
Laß 20 Loth (60 dkg) Honig warm werden und verschäume ihn; dann nimm 1/2 Pfund (23 dkg) gesiebten Zucker, 1 gewiegte Zitterone, 1/4 Loth (ca. 10g) Nägele, 1/2 Loth (ca. 16 g) Zimmet, 1/4 Pfund (12 dkg) gestoßene Mandel; dieses alles mach mit Mehl zu einem dicken Teig, wahl (walke) ihn aus, stich mit einem Model runde Laible aus, leg sie auf ein mit Wachs bestrichenes Blech und bach sie im nicht zu heissen Ofen.

Braune Leckerle (Kleine Pfefferkuchen)
Zu 1 Schoppen (3,5 dl) Honig nimmt man 1/2 Pfund (23 dkg) Zucker, 1 Loth (30 g) Zimmet, 2 Loth (6 dkg) Nägele, 1/2 Pfund (23 dkg) lang geschnittene Mandel, ein wenig Zitteronen; das Gewürz stosse mit dem Zucker. Den Honig thu in eine gelbe Pfanne (Messing) und laß ihn siedend werden; dann rühr nach und nach 1 Meßle (ca. 7,5 dl) nicht vom schönsten Mehl darein, hernach den Zucker und Mandel, rühr es beständig beym nicht zu starken Feuer und wenn es anfängt, dick zu werden, thu es vom Feuer. Gieß 1/2 Glas Kerschenwasser daran, rühr es in der Pfanne gut durcheinander, thu alles auf das Nudelbrett, bestreu den Teig mit Mehl, daß er nicht anklebt, wahle ihn 2 Messerrücken dick aus, schneide nach Belieben Leckerle daraus, leg sie auf ein mit Mehl dick bestreutes Blech und bache sie im Ofen, wenn das Brod eine Weile heraus ist. Sollten sie zusammenlaufen, so stell das Blech, wenn sie ausgebachen sind, an ein heisses Ort und schneide die Leckerle voneinander.
Hinweis: wenn das Brot aus dem Ofen ist = mittlere Hitze

Mandel - Laible
Nimm 1/2 Pfund (23 dkg) gestossenen Zucker, rühr ihn mit 2 Eyer und 3 Dotter 1/2 Stund lang, stoß 1/2 Pfund (23 dkg) geschelte Mandel, 1 Quintel (ca. 2 g) Zimmet, soviel Muskatnuß und Zitteronen; dieses rühr auch darein und 1 Pfund (46 dkg) Mehl, rühr aber nicht mehr lang. Nach diesem setze Laible auf Habladen (Oblaten), bestreu sie mit geschnittenen Mandel und bach sie im nicht zu heissen Ofen.

Kleingebäck

Mandel - Schnitten
Stoß 1/4 Pfund (ca. 12 dkg) geschelte Mandel fein, rühr sie mit Zucker und 2 Eyergelb ab, schlag das Weisse zu Schnee. rühr ihn darein, thu es auf Schnitten (= Brotschnitten) und bach es im Schmalz.

Meerrinken (Meringe)
Nimm das Weisse von Eyer und schlag einen dicken Schnee; nimm fein gestossenen Zucker, zu jedem Eyerweiß 1 Löffel voll und lummere ihn besonders in den Schnee. Streich ein Blech mit weiß Wachs, wüsch es mit einem Papier wieder ab, leg mit dem Löffel von dem Schnee lange oder runde Meerrinken, in der Form wie ein Ey, auf das Blech und bache sie im bereits (fast) kalten Ofen, denn sie müssen nur trocknen. Wenn sie gelb sind, so drucke mit dem Löffel unten eine Höhle, da sie noch warm sind, strudle süssen Rahm und fülle sie damit; dann leg wieder eins darauf. Diese aber müssen erst gefüllt werden, bevor man sie auf den Tisch gibt.
Hinweis: Die Meringe können mit dem Spritzsack in jede beliebige Form gebracht werden.

Magronen (Makronen)
Stosse 1/2 Pfund (23 dkg) Mandel fein, rühr sie mit 5 Eyerklar ab, dann thu 5 Vierling (60 dkg) Zucker darein, der gesiebt seyn muß; dieses rühr 1/2 Stund, auch geschnittenen Zitteronen. Dann mach fingerlange und 2 Mal so dicke Nudeln daraus, leg sie auf Blatten, drücke sie in der Mitte breit und laß sie bachen.

Magronen ohne Mandel (Makronen)
Rühr 2 Eyer und 2 Dotter mit 1/2 Pfund (23 dkg) Zucker 1/2 Stund, auch klein geschnittene Zitteronen. Dann thue 2 Loth (6 dkg) Mehl dazu und mach es recht durcheinander. Mach sie dann wie die andern, leg sie auf ein mit Butter bestrichenes Blech, mit gesiebtem Zucker bestreut und im Ofen gebachen.

Gebachne Wälsche Nuß
Mach einen Teig von Mehl, Zimmet, Zucker, Eyer, ein wenig Salz und weissen Wein, daß man ihn auswahlen kann, schneide kleine Stückle von dem Blatt, druck sie in eine mit Mehl bestreute Nußschale.
Mach eine Fülle : Schneide Mandel klein, auch gewiegte große und kleine Weinbeer, mach es mit Zucker durcheinander, fülle die beyden halben Theil, streich sie außen mit Eyerklar, druck selbe zusammen, bach sie im Schmalz gelb und bestreu sie mit Zucker. Den Teig, der über die Schale geht, schneide weg. Nimm die Nüsse behutsam aus der Schale.

Falsches Mandelbrod
Nimm 1 1/2 Vierling (18 dkg) Mehl, 1/4 Pfund (12 dkg) Zucker, 1/4 Pfund (12 dkg) Butter und die Schale von 1/2 Zitterone an Zucker abgerieben. Dieses wird mit etlichen Löffel voll Wein auf dem Nudelbrett zu einem Teig gemacht, gut messerrückendick ausgewahlt und nach Belieben in langlechte Stückle geschnitten, mit Eyer bestrichen, mit Zucker und Zimmet bestreut, auf ein mit Mehl bestreutes Blech gelegt und im Ofen gebachen.

Was bey gerührten Torten zu beobachten ist:
1tens den Tortenteig mit einem reinlichen Kochlöffel zu rühren, aber so geschwind, als es seyn kann; daher ist es gut, wenn 2 Personen zum abwechslen sind.
2tens das Weisse von Eyer und schlag einen dicken Schnee; nimm eben, denn so ist der Teig besser zu rühren und wird eher dick.
3tens den Model beym Einfüllen nicht ganz voll machen.
4tens alle Torten nicht in einen gar zu heißen Ofen thun, sonst werden sie eher von außen braun als sie innen gebachen sind.
5tens alle gerührte Torten gleich nach dem Einfüllen in Ofen stellen, sonst gehen sie nicht schön auf.
6tens je feiner der Zucker ist, desto schöner werden die Torten.

Mandelblumen
Rühr 1/4 Pfund (12 dkg) Butter ab, dann thu 1/4 Pfund (12 dkg) geschelte, gestossene Mandel, 1/4 Pfund (12 dkg) Mehl, 5 Loth (ca. 15 dkg) Zucker und 1 Ey dazu und mach es durcheinander. Dann nimm es auf das Nudelbrett, wahle 1 Blatt 2 Messerrücken dick aus und stich mit blechernen Blumen Modell aus, was beliebt. Streiche sie mit Eyer, bestreu sie mit Zucker, leg sie auf ein mit Mehl bestreutes Blech und bach sie im Ofen.

Schwarze Torte oder Schokalade
Nimm 18 Loth (54 dkg) Zucker, 24 Loth (ca. 75 dkg) Mandel, stoß dieses recht fein, den Zucker koche, bis er spinnt, hernach rühr ihn langsam an die Mandel. Rühr 6 Eyer und 4 Dotter darein, schlag das Weisse von 4 Eyer zu Schnee, rühr ihn langsam darunter und hernach 1/2 Pfund (23 dkg) geriebene Schokalade. Streiche ein Model mit Butter, füll den Teig darein und bach ihn im Ofen.

Schokalade - Eis
Nimm Eyerklar und geriebene Schokalade; dieses rühr wie das Zucker-Eis. Dieses wird zu Torten zieren gebraucht.
Hinweis: Schokoladestreusel

Mandel - Häuflein
Schneide 1/2 Pfund (23 dkg) geschelte Mandel langlecht, verklopf 3 oder 4 Eyerklar, thu 1/2 Pfund (23 dkg) gesiebten Zucker darein und rühr es 1/2 Stund; dann thu die Mandel darein und rühr es durcheinander. Setze Häuflein wie eine wälsche Nuß (Walnuß) groß auf Obladen, leg sie auf ein Blech und bach sie im nicht zu heißen Ofen. Dieses kann auch auf einen glatten Rampf (Rand) gesezt und gebachen werden. Und dann gekochte Zwetschgen oder Kerschen in die Blatte anrichten und zur Tafel.

Weisse Muskazina (Muskazien)
Schele 6 Loth (18 dkg) Mandel und wiege sie, dann laß sie im Ofen troknen; thu 12 Loth (36 dkg) fein gestossenen Zucker in eine Schüssel, rühr ihn mit 1/2 Eyerklar ab, hernach thu 2 Loth (6 dkg) Mehl, 1/2 geschnittene Zitterone und die Mandeln dazu. Behre alles auf dem Nudelbrett eine Weile, dann laß den Teig ein wenig ruhen. Hernach druck mit einem hölzernen Model Muskazina, leg sie auf ein mit Wachs bestrichenes Blech und bache sie im nicht zu heissen Ofen.

Osterflade
Mach einen Eyerzieger : Nämlich verrühr 6 Eyerdotter mit einem guten Schoppen (ca. 4 dl) Milch, ein wenig Butter und Salz, rühr es auf dem Feuer, bis es siedet und zusammenfährt; dann schütt es in einen Seiher und laß es abrinnen. Stoß 1/2 Vierling (6 dkg) geschelte Mandel, rühr sie mit 6 Eyerdotter und Zucker, bis es süß ist, ab, dann rühr den dicken Eyerzieger darein. Thu aus großen Weinbeer die Stein (Kerne) heraus, rühr sie darein. Schlag von 4 Eyerweiß einen Schnee und rühr ihn langsam darein. Mach einen geriebenen Butterteig, wahl ihn aus, streich ein niederes Reinle mit Butter, überzieh es mit dem Teig und was heraushängt, schneide weg; drücke den Teig oben um den Rampf (Rand), füll das Gerührte darein und bach es im Ofen. Dann bestreu es mit Zucker oder mach auch von Zucker einen Kranz darauf. Sollte überbleiben, so kann es in Stückle geschnitten werden und eine Kerschensoos daran gemacht werden.
Hinweis: Geriebener Butterteig: 25 dkg Mehl, 13 dkg Butter mit einander abreiben, leicht salzen, mit ca. 1/16 Liter Wasser anmachen und rasten lassen.

Schokalade - Busserle
Schlage das Weisse von Eyern zu einem dicken Schnee, dann lummere Schokalade ein, zu jedem Eyerweiß ein Löffele voll. Streiche ein Blech mit weiß Wachs, mach mit dem Löffel runde Laible darauf und bache sie im Ofen, wenn er blos lau ist, denn sie müssen nur troknen.

Nuß zu machen
Stoß Mandel und Zucker gleichviel miteinander und Zimmet; bestreu den Model mit Zucker, druck den Teig darein, schlag sie heraus und laß sie trocknen. Dann streich den Kern mit Saffran an und laß sie wieder trocknen. Die Kastanien macht man vom nämlichen Teig, druck sie in den Model und laß sie auf dem Rost braun werden. Die Pfirsicht macht man auch so, blos kein Zimmet; bestreu den Model mit Zucker, druck den Teig darein und laß sie trocknen, dann streich den Kern mit Sandel an.
Hinweis: Hier wird zuerst Marzipan erzeugt und in Nuß-, Kastanien- und Pfirsichformen gedrückt, dann mit passenden Naturfarben angestrichen.

Pfeffernüßle
Rühr 1/2 Pfund (23 dkg) gesiebten Zucker mit 3 Eyer 1/2 Stund lang, dann thu geschnittene Zitteronen, Zimmet und ein wenig Pfeffer durcheinander rühren, hernach rühr 1/2 Pfund (23 dkg) Mehl darein. Dann nimm es auf das Nudelbrett, wahl es 2 Messerrücken dick aus, stich mit einem runden Blech wie einen Groschen (Größe eines 5-Schilling-Stückes) groß Nüßle heraus, leg sie auf ein mit Butter bestrichenes Blech und bach sie im Ofen.
Hinweis: runde Keksform

Mandel - Schnecken
Zu diesen macht man die Fülle wie bey dem Brief-Couvert. Dann wird ein Butterteig gemacht, Messerrücken dick ausgewahlt, die Fülle 2mahl so dick darauf gestrichen, dieses aufgewickelt und dann 2 Finger breite Stückle daraus geschnitten. Diese stell auf ein mit Butter bestrichenes und Mehl bestreutes Blech und laß sie schön gelb bachen. Endlich bestreut man sie, sobald sie aus dem Ofen kommen, mit Zucker.

Schokalade - Strudel
Mach ein Strudel-Blatt. Reibe 8 Loth (24 dkg) Zucker, rühr ihn mit 6 Eyerdotter ab, thu 6 Loth (18 dkg) fein gestossene Mandel darein, 2 Täfele geriebene Schokalade und den Schnee von 4 Eyer. Überstreich damit das Blatt messerrückendick, roll den Strudel zusammen, thu ihn in ein mit Butter bestrichenes Kastrohl, schütt siedenten Rahm daran, bestreu ihn mit Zucker und Schokalade und bach ihn im Ofen oder mit unten und oben Glut.

Wespen - Nester
Mach einen Hepfteig (Hefeteig) wie zu einem Gugelhopf, wahle ihn aus, schneide ihn in Streifen, welche mit etwas Eingemachtem oder auch Weinbeer belegt werden; rolle sie dann auf, thu sie in einen mit Butter bestrichenen Model, laß sie hernach gehen und bache sie im Ofen.

Schokalade - Strudel
Rühr 6 Loth (18 dkg) Zucker und 6 Eyerdotter ab, thu 6 Loth (18 dkg) gestossene Mandel, 2 Täfele geriebene Schokalade, von 4 Eyer den Schnee dazu, verrühr es wohl. Mach einen Strudelteig, zieh ihn aus, bestreich ihn mit der Fülle, roll ihn zusammen, thu ihn in ein mit Butter bestrichenes Kastrohl, begieß ihn mit siedentem Rahm, bestreu ihn mit Schokalade und bach ihn mit unten und oben Glut.

Eine pfündige Mandel - Torte
Stoß 1 Pfund (46 dkg) geschelte Mandel und 3 Vierling (36 dkg) Zucker, thu die Mandel und Zucker in eine Schüssel, rühr 16 Eyer, eins nach dem andern, darein, auch 16 Dotter, schlag 1 nach dem andern dazu. Rühr dieses 1 Stunde immer nach einer Seite. Laß Butter vergehen, bestreich den Model damit und bestreu ihn mit Brodsamen; wenn der Teig in den Model geschütt wird, so kehr ihn immer um, und wenn der Teig im Model ist, so thu ihn gleich in Ofen. Wenn sich die Torte um den Model löst, so ist sie gebachen. Wenn man will, so kann man auch klein geschnittene Zitteronen darein thun. Am besten ist sie zu bachen gleich nach dem Brod im Ofen.
Hinweis: mittlere Hitze

Tragant - Teig (Tragant = Bindemittel für Konditorwaren)
Nimm 1 Loth (3 dkg) Tragant, thu ihn in eine Schüssel, gieß Wasser daran, bis es darüber her geht und laß es über Nacht stehen; dann drücke ihn durch ein Tuch. Nimm fein gestossenen Zucker und meng ihn nach und nach zu dem Tragant, daß es wie ein fester Teig wird; dann thu auch ein wenig frischen Eyerklar daran, damit er weisser wird. Dann decke ihn zu, daß er nicht häutig wird. Mach daraus, was Du willst. Druck es in hölzerne Mödel aus und laß es an der Luft troknen.
Hinweis: als Garnitur zu verwenden; Tragant = Fondant

Grugantorte (Krokanttorte)
Laß in einer eisernen Pfanne 1 Ey groß Schmalz warm werden, rühr 1 1/2 Pfund (ca. 70 dkg) gebröckelten Zucker und ebensoviel geschelte, lang-geschnittene Mandel dazu und röste dieses im Schmalz gelb. Gieß in den Model warmes Schmalz, gieß es um und um, hernach laß es wieder ausrinnen, dann druck die Masse mit einem eisernen Löffel an den Model. Die Torte kann auch in kleine Mödel gefüllt werden und dann auf die Blatte gelegt (gestürzt).
Auch kann man ein Körble davon machen : Drucke es in eine runde Schüssel, dann mach den Boden, daran ein rundes Kränzle und den Bogen; dieses mach mit gekochtem Zucker zusammen.

Brod - Torte
Nimm 8 Eyer und 4 Dotter, rühr sie eine Weile, dann thu 1/2 Pfund (23 dkg) gestossenen Zucker darein, rühr es 1/2 Stund lang. Stoß 1/2 Pfund (23 dkg) Mandel fein, 2 Handvoll gedörte (getrocknete) schwarze Brodsamen, Zimmet, Nägele, Muskatnuß und Zitteronen; rühr dieses noch 1/2 Stunde. Streiche ein Model mit Butter, besäh ihn mit Brodsamen, thu den Teig darein und bache alles langsam im Ofen.

Mandel - Torte
Nimm 1/2 Pfund (23 dkg) geschelte Mandel und 1/2 Pfund (23 dkg) Zukker, rühr es durcheinander; dann rühr 12 Eyerdotter, eins nach dem andern, darein, auch klein geschnittene Zitteronen. Reibe für 2 Kreuzer Schildbrod (1 Schild), rühr es dazu, bevor man es in Ofen thut. Dieses rühr 1 Stund lang.

Französische Torte
Rühr 6 Loth (18 dkg) frisches Schmalz ab, bis es weiß ist, dann 3 Vierling (36 dkg) geschelte, gestossene Mandel, dieses rühr 1/2 Stund. Dann thu Zitteronen und 1/2 Pfund (23 dkg) Zucker daran, rühr es wieder 1/2 Stund lang; dann thu 1/4 Pfund (12 dkg) Mehl dazu und rühr es. Streich ein Blech 1/2 Finger breit mit Butter, dann gib den Teig hinein und leg etwas vom Eingemachten (Marmelade) darauf. Mach darüber ein Gitter vom Teig, bestreich es mit 1 Ey und laß die Torte langsam bachen.
Hinweis: Anstatt Schmalz verwendet man Butter oder Margarine.

Pommeranzen - Torte
Stoß 1 Pfund (46 dkg) geschelte Mandel und 1 Pfund (46 dkg) Zucker, der an 6 Pommeranzen abgerieben ist. Stoß 8 Eyerdotter und 1 Vierling (12 dkg) Butter, den Saft von 1 Pommeranze mit den Mandel; dann thu es in eine Schüssel, rühr es mit 1 Ey gut ab. Dann rühr den Zucker nach und nach darein und 2 würflicht geschnittene, überzückerte Pommeranzen. Überleg ein Blech mit Hobladen (Oblaten), thu den Teig darauf, füll es mit etwas Eingemachtem, richte sie wie eine Stange-Torte (Rehrücken -Form) und bach sie im Ofen. Die Pommeranzen können auch am Reibeisen abgerieben werden und mit den Mandel gestossen; den Butter und die Eyer aber stoß besonders (separat).

Erdäpfel - Torte
Nimm 12 Erdäpfel, siede sie und schäle sie, reibe sie am Brodreiber, thu 12 Loth (36 dkg) Zucker dazu, schlag 6 Eyer und 6 Dotter, eins nach dem andern, darein, rühr es eine Weile nach einer Seite. Dann füll es in einen mit Butter bestrichenen Model und bach sie im Ofen.

Schwarze Torte
Stoß 1/2 Pfund (23 dkg) ungeschelte Mandel fein und 1/2 Pfund (23 dkg) Zucker, rühre die Mandel und den Zucker mit 12 Eyer 1/2 Stund. Vor dem Einfüllen thu 1/2 Loth (15 g) gestosseneNägele (Nelkenpulver), auch so viel Zimmet dazu. Dann füll den Teig in ein mit Butter bestrichenen Model und bache ihn im Ofen.

Tragand - Teig (Tragant = Bindemittel für Konditorwaren)
Thu auf ein Brett 1 Hand voll gestossenen Zucker und eben soviel schönes Mehl und um 2 Kreuzer (ca. S 10.-) in Eyerklar geweichten Tragant und ein Eyerklar. Mach den Teig an und wahle ihn schön fein aus; schneide ihn in 4 Theil : unter den 1ten Theil gieb 1 Täfele Schokalade, unter den 2ten Theil Spenath-Tropfen (grünes Farbmittel, aus Frühjahrsspinat gewonnen), unter den 3ten Theil Alkermessaft (rotes Farbmittel für Gebäck) und unter den 4ten Theil 5 Tropfen Saffranwasser. Dann wahle jeden dieser Theile aus und druck mit dem Model aus, was Dir beliebt.

Schokalade - Torte
Nimm 3 Vierling (36 dkg) gestossene Mandel, 1/2 Pfund (23 dkg) gesiebten Zucker, 10 Eyer und 5 Dotter, rühre dieses alles 1 Stund lang. Hernach nimm soviel Schokalade, daß der Teig schwarz genug wird, reibe ihn und rühr ihn dazu. Streiche ein Model mit Butter, thu den Teig darein und bache sie langsam im Ofen.

Kaiser - Torte
Nimm 1 Pfund (46 dkg) Zucker, 1 Pfund (46 dkg) Mandel, den Saft von 2 Zitteronen, das Gelbe von 13 hartgesottenen Eyer, 1/4 Pfund (12 dkg) Butter und 1/4 Pfund (12 dkg) Mehl. Thu dieses alles auf ein Brett, mach einen Teig, behre ihn wie ein Strudelteig, formiere die Torte in einem Model nach Belieben, füll sie mit etwas Eingemachtem und mach Stengele (Gitterwerk) darüber.
Hinweis: gut durchkneten, rasten lassen.

Brod - Torte
Nimm schwarze Brodrinde, dörre sie, dann stoß sie fein. Stoß 1 Pfund (46 dkg) ungeschelte Mandel, 3/4 Pfund (35 dkg) Zucker, 1/2 Loth (15 g) gestossene Nägele und etwas Zittronen. Schlag 10 Eyer und 10 Dotter, eins nach dem andern, darein und rühr alles 1 Stund auf eine Seite. Dann rühr das Brod darein, schlag das Weisse von 10 Eyer zu Schnee, lummere ihn darein. Streich ein Model mit Butter, besäh ihn mit Brodsamen, füll den Teig darein und bach sie im Ofen.

Schwarze Mandel - Torte
Stoß 1/2 Pfund (23 dkg) ungeschelte, nur sauber abgeriebene Mandeln recht fein, rühr sie mit 1/2 Pfund (23 dkg) Zucker und 12 Eyer eine gute halbe Stunde immer nach einer Seite. Vor dem Einfüllen thut man 1/2 Loth (15 g) gestossene Nägele (Nelkenpulver) und eben so viel Zimmet, auch klein geschnittenen Zitteronen dazu. Wenn dieses langsam darunter gerührt ist, so füll es in einen mit Butter bestrichenen Model und laß es bachen. Man kann auch den halben Theil Eyerweiß zurückbehalten und zu einem Schnee schlagen und in den Teig rühren, ehe man die Torte in den Ofen thut.

Sand - Torte
Rühr 3 Vierling (36 dkg) frisches Schmalz oder Butter ab, dann schlag nach und nach 15 Eyerdotter darein, dann 3/4 Pfund (35 dkg) gestossenen Zukker und 1 Pfund (46 dkg) Mehl, auch 1 geriebene Zitterone(nschale). Rühr dieses 1/4 Stund, schlag das Weisse von 8 Eyer zu Schnee und rühr ihn vor dem Einfüllen dazu. Streiche ein Model mit Butter, bestreu ihn mit Brodsamen, füll den Teig darein und bache ihn im Ofen.

Linzer - Torte
Nimm 1 Pfund (46 dkg) gestossene Mandel, 1 Pfund (46 dkg) Zucker, 1 Pfund (46 dkg) Mehl, 1 Pfund (46 dkg) Butter, gestossene Nägele, Zimmet, Zitteronen und 12 hartgesottene Eyerdotter auf ein Nudelbrett und behre es recht zusammen. Dann wahle einen Boden aus, leg ihn auf ein mit Mehl bestreutes Blech, mach runde Kränzle darauf, bis der Boden voll ist, oder ein Gitter; dann streich sie ganz mit Eyer an. Und wenn sie gebachen ist, so fülle die Ringle mit etwas Eingemachtem. Man kann sie auch mit kleinen Weinbeer füllen; stosse diese mit Zucker und Zimmet, dann leg sie auf den Boden. Hernach mach die Stängele oder Gitter darauf und bach sie langsam im Ofen. Wenn man keinen stürzernen Ring (Springform aus Blech) hat, so mach vom schwarzen Mehl eine Nudel um die Torte, damit sie zusammenhaltet.
Hinweis: Die Marmelade zuerst auf den Teig streichen und danach die Ringle oder das Gitter aufsetzen.

Muskazin - Torte
Stoß 1/2 Pfund (23 dkg) Mandel fein mit Zitteronen-Saft, dann thu sie in eine Schüssel; thu 1/2 Vierling (6 dkg) gestossenen Zucker dazu, rühr 4 Eyer, eins nach dem andern, und 3 Dotter darein, auch 1/2 Loth (15 g) Nägele, 1/2 Loth (15 g) Zimmet, 1/2 Loth (15 g) Muskatnuß und von 1 Zitterone die Schelfe (geriebene Schale); dieses rühr, bis es schäumt. Füll alles in einen mit Butter bestrichenen Model und bach es im Ofen.

Kandier - Torte
Stoss 1 Pfund (46 dkg) ungeschelte Mandel, 1 Pfund (46 dkg) Zucker, nimm 1 Pfund (46 dkg) Mehl, 1/2 Loth (15 g) gestossene Nägele, 1 Loth (3 dkg) Zimmet, 1 Muskatnuß, die Schale von 1 Zitterone klein geschnitten und 1/4 Pfund (12 dkg) Butter. Dieses nimm auf das Nudelbrett und mach es mit Eyer zusammen, bis es haltet. Streich ein Blech mit Butter, druck von dem Teig einen runden Boden darauf. Dann mach in der Mitte runde Stängele über das Kreutz und drücke sie geschlängelt. Aussen mach runde Stängle, die nur bis zu den innern gehen und drucke sie geschlängelt. Dann leg einen runden Kranz auf die Mitte, wo die Stangen zusammengehen. Aussen um die Torte mach einen runden Kranz und drück ihn geschlängelt; dann streiche sie mit Eyer an. Wenn man will, so kann geschnittener Zitronath darein gelegt werden. Hernach bache die Torte langsam im Ofen. Wenn sie bereits gebachen ist, so mach auf die 2 Ring einen Mandelkranz und laß sie ganz ausbachen. Auf die Stängele mach Streu-Zucker.
Hinweis: In der Mitte der Torte wird ein Gitter aus Teignudeln gemacht; vom Rand zum Gitter werden ebenfalls Teignudeln strahlenförmig gelegt.

Magronen (Makronen) - Torte
Schele 1/2 Pfund (23 dkg) Mandel, leg sie 1 Stund in kaltes Wasser, dann stoss sie fein und druck Zitteronen-Saft daran, damit sie nicht öhlicht werden. Stosse 1/2 Pfund (23 dkg) Zucker recht fein, wiege von 1/2 Zitterone die Schale klein, thu den Zucker, Mandel und die Zitterone in eine Schüssel; schlag das Weisse von 5 Eyer zu Schnee, thu ihn darein und rühr alles 1/2 Stund immer nach einer Seite. Mach von Hobladen (Oblaten) einen Boden, setz von dem Gerührten Kränze rings um den Boden, setze sie 2 Finger breit voneinander und bach sie (nach dem Brod) im Ofen hellgelb. Dann füll zwischen jeden Kranz etwas Eingemachtes oder eingemachte Pommeranzen-Schalen. Auch kann man vom nähmlichen Teig kleine Häuflein auf Obladen setzen und selbe bachen.
Hinweis: mittelheißes Rohr

Triet - Schnitten (Triett)
Nimm 3 Vierling (36 dkg) gestossenen Zucker, rühr ihn mit 14 Eyergelb 1/4 Stund immer nach einer Seite. Schlag das Weisse zu Schnee, nimm 3 Vierling (36 dkg) Mehl, 1 1/4 Loth (4 dkg) gestossene Nägele und 1 1/4 Loth (4 dkg) Zimmet, auch 1 Loth (3 dkg) Aenis. Dieses alles rühr mit dem Schnee darein. Streiche einen langen Model mit Butter, füll den Teig darein und bache es 1/2 Stund im Ofen. Dann thu ihn heraus und laß ihn 1 oder 2 Tag stehen. Dann schneide Schnitten daraus, bestreu sie mit gestossenem Zucker und bähe sie auf dem Rost.

Türkischebunds - Torte
Stoß 1 Pfund (46 dkg) geschelte Mandel und 3 Vierling (36 dkg) Zucker; thu beydes in eine Schüssel, schlag nach und nach 11 Eyer darein, rühr es 3/4 Stund immer nach einer Seite. Dann theile es in 4 Theil, thu jeden in eine Schüssel. Den 1ten Theil färbe braun, den 2ten roth, den 3ten grün und den 4ten laß weiß. Bestreich ein Model wohl mit Schmalz, besäh ihn mit Brodsamen und Zucker und füll abwechselnd von jeder Farbe den Teig mit dem Löffel darein und bach es im Ofen oder mit unten und oben Glut 1 Stund lang; dann mach ein Zuckerreis darauf. Den 1ten Theil färbe braun mit Nägele und Zimmet. Den 2ten Theil roth : siede Dulison im Wasser, leg Zucker dazu, und wenn es anzieht, so nimm es vom Feuer und laß es kalt werden; hernach rühr es darein. Den 3ten Theil grün mit Spinath oder Mangel (Mangold) : stosse ihn, dann druck ihn durch ein weisses Tuch, thu den Saft in eine Pfanne, laß ein Sutt (Sud) darüber; dann nimm es gleich vom Feuer, druck es wieder durch ein Tuch, dann laß es kalt werden und rühr es darein.

Zimmet - Torte
Stoß 1 Pfund (46 dkg) geschelte Mandel und rühr 14 Eyerklar, eins nach dem andern, darein. Schlag das Weisse zu Schnee, rühr immer 1 Löffel voll Schnee und 1 Löffel voll Zucker darein und so fort, bis 3/4 Pfund (35 dkg) Zucker auf sind. Thu Schokalade, Nägele, Muskatnuß und Zitteronen darein und Zimmet so viel, daß er (geschmacklich) vorzieht. Dann rühr es noch 1/4 Stund, streiche ein Model mit Butter, füll den Teig darein und bache es im Ofen; dann mach ein Zuckereis darauf.

Abgerührtes Törtle (kleine Torte)
Rühr 4 Loth (12 dkg) Butter ab, dann rühr 10 Eyerdotter, eins nach dem andern, darein und 3 Loth (9 dkg) Mehl; zu jedem Dotter nimm ein wenig Mehl, bis die 3 Loth auf sind. Nimm auch 4 Loth (12 dkg) Zucker und klein geschnittenen Zitteronen. Dieses alles rühr 1 Stund lang immer nach einer Seite. Streich ein niederes Reinle mit Butter, füll den Teig darein und stell es gleich in Ofen.Und wenn es halb gebachen ist, so mach einen Kranz darauf : Schlag 1 Eyerweiß zu Schnee, thu gestossenen Zucker darein und rühr es ab, auch gib geschelte, lang geschnittene Mandel dazu, bis es dick ist. Dann setze den Kranz aussen auf und laß es wieder ausbachen. Stürz es heraus, bestreu es mit Zucker und trag es gleich auf. Man kann auch, wenn es gebachen ist, einen Stern von eingemachten Pommeranzen - Schnitz darauf legen.
Hinweis: Während der Boden ausgebacken wird, die Eiweißmasse schlagen, dann rundherum auf den Boden setzen und alles fertig backen lassen.

Schokalade - Torte
Nimm 1/4 Pfund (12 dkg) Mehl, 5 Loth (15 dkg) Zucker, 1/2 Vierling (6 dkg) Butter, 1 Eyergelb, 1 Löffele geriebene Schokalade und Zitteronensaft. Mach dieses zusammen, wahle es aus und formiere die Torte wie eine Buttertorte und füll sie mit etwas Eingemachtem.
Hinweis: Die Tortenform mit dem Teig auslegen.

Buttertorte mit Pommeranzen - Schnitz (Orangenspalten)
Mach einen Butterteig, schneide einen Boden daraus und streiche ihn ringsum mit Eyer an; leg von Teig einen Rampf (Rand) darauf, streiche ihn wieder an; stich runde Blätter aus und leg sie rings herum, so daß eins auf das andere aufliegt (dachziegelförmig), streiche zuvor alle mit Eyer an. Den Boden bestreu mit langlecht geschnittenen Mandel, bestreu sie mit Zucker und leg eingemachte Pommeranzenschnitz darauf und bestreu sie wieder mit Zucker. Verrühr den Saft von den Pommeranzenschnitz mit 4 Eyerdotter und einer oberen Schale (Suppentasse) voll süssen Rahm. Hernach mach eine Nudel vom schwarzen Mehl um die Torte, gieß es darein und gleich in Ofen. Und wenn sie gebachen ist, so bestreu sie noch mit Zucker.
Hinweis: Der Teig aus Roggenmehl und Wasser muß gemacht werden, wenn man keine Springform hat.

Triet - Schnitten (Triett)
Schneide Schild- oder Eyerbrod in Schnitten, bäh sie auf dem Rost braun, dunke sie in weissen Wein, kehr sie in Zucker und Zimmet um, dann laß sie wieder auf dem Rost trocknen.

Taback - Rollen
Nimm 1/2 Pfund (23 dkg) Mehl, 1/2 Vierling (6 dkg) geschelte, gestossene Mandel, 1/2 Vierling (6 dkg) Butter, 1/4 Pfund (12 dkg) Butter, 1/2 Schoppen (ca. 2 dl) weissen Wein, 4 Löffel voll sauren Rahm, auch Zimmet, Nägele und Muskatnuß. Dieses mach auf dem Nudelbrett zusammen, wahle es 2 Messerrücken dick aus und schneide alles in zwei fingerbreite Streifen. Streich den Model mit Butter, winde diese Streifen darum, binde den Spagath darum und bach sie langsam im Schmalz; hernach bestreu sie mit Zucker. Will man sie füllen, so streiche um den Reif, wo es aufeinander geht, mit etwas Eingemachtem. So macht man auch die Zimmet-Rollen, nur nimmt man 1 Loth (3 dkg) Zimmet dazu.
Eine andere Art :
Nimm 1/4 Pfund (12 dkg) Zucker, 3 Eyer, 1/2 Pfund (23 dkg) Mehl, eine Nuß groß Butter und ein wenig Wein, dann mach es wie bey dem andern.
Hinweis: Verwende Backrollenmödel. Marmelade innen einfüllen.

Presel - Torte (Bröselteigtorte)
Nimm 12 Loth (36 dkg) gestossenen Zucker, 12 Loth (36 dkg) Butter, 18 Loth (ca. 50 dkg) Mehl, 4 Loth (12 dkg) geschelte, gestossene Mandel, 1 Messerspitz voll Salz; dieses nimm auf das Nudelbrett, mach es mit 6 Eyerdotter und ein wenig weissen Wein durcheinander; dann wahle es aus, schneide einen Boden, streich ihn ringsum mit Eyer, leg einen Rampf (Teigrand) darauf und beleg den Boden mit eingemachten Früchten. Dann mach ein Gitter darauf, streich die Gitterstäble mit Eyergelb an, bestreu sie mit Zucker, der an Zitteronen abgerieben ist und bache sie gelb im Ofen.

Bunsch - Torte (Punschtorte)
Nimm 1 Pfund (46 dkg) Zucker, 1 Pfund (46 dkg) Mehl, 1 Pfund (46 dkg) Butter und 12 Eyer; rühre den Butter, bis er weiß ist. Rühr 8 ganze Eyer und 4 Dotter, eins nach dem andern, darein. Den Zucker reibe an Pommeranzen oder Zitteronen ab, stoß ihn dann und rühr ihn darein. Schlag von 4 Eyerweiß einen Schnee, rühr ihn langsam darein, dann rühr das Mehl dazu, aber nicht auf einmahl. Schneide viereckiges Papier, überstreich es mit Butter, bestreich es von dem Teig messerrrückendick. So mach 6 oder 7 Blätter. Leg jedes Blatt auf ein ebenes Blech und bache es im Ofen gelb. Dann löse die Blätter vom Papier, bestreich sie mit Arrack (Rum), leg die Blätter alle aufeinander und bestreich jedes Blatt mit eingemachten Johan-nisbeer oder Imbeer (Himbeer), Kerschen oder Hagenbutzen (Hagebuttenmarmelade). Auf das obere Blatt mach ein Zuckereis oder Schokalade-Eis oder Zuckermies (Hagelzucker). Dünke (Tunke) Hippen in weissen Wein oder Arrak (Rum) und klebe sie um die Torte, daß man nicht sieht, daß Blätter aufeinander liegen.

Zucker - Eis (weiße Tortenglasur)
Rühr 7 Loth (21 dkg) fein gesiebten Zucker mit 1 Eyerweis 1/4 Stund lang, auch druck einige Tropfen Zitteronen-Saft daran. Dieses wird zu Torten zieren gebraucht.

Zwetschgen - Fülle in eine Buttertorte
Siede die Zwetschgen, thu die Stein heraus und wiege sie; dann thu sie in eine Schüssel, schütte ein wenig Wein, Zucker, Zimmet und klein geschnittene Zitteronen daran.

Mandel - und Zittronat - Schnitzle
Schneide geschelte Mandel und Zittronat langlecht, dann leutere Zucker, bis er spinnt; thu die Mandelschnitzle darein und laß sie noch ein wenig sieden. Drucke Zitteronen-Saft daran und schütte es an den geschnittenen Zittronat. Dieses wird zu Torten zieren gebraucht.

Grugant (Krokant) - Torte
Nimm 16 Loth (48 dkg) Mehl, 10 Loth (30 dkg) gestossenen Zucker und 2 Eyerklar, dann wie eine wälsche Nuß (Walnuß) groß Butter; dieses mach auf dem Nudelbrett durcheinander, wahle es Messerrücken dick aus und schneide 2 gleiche Boden daraus und leg sie auf mit Butter bestrichene Blecher und bache sie im nicht zu heissen Ofen gelb.Dann leg die Boden aufeinander und thu etwas Eingemachtes dazwischen; hernach zier es mit Zucker-Eis oder Zuckermies (Hagelzucker), streiche das eine Blatt mit Eyer an und stich auf das obere Blatt Blumen aus.
Hinweis: Aus dem restlichen Teig Blumen ausstechen, backen und auf das obere Tortenblatt legen.

Grüns Zucker - Mies
Nimm Spinath-Saft, rühr ihn mit Zucker dick ab und zier die Torte damit und laß es darauf trocknen.

Zucker - Leiterle
Nimm 1 Pfund (46 dkg) Zucker, 1 Loth (30 g) Zimmet, 1/2 Loth (15g) Muskatnuß, 1 Loth (30 g) Änis und 1 Loth (30 g) Zitteronen-Schelfern, dieses alles fein gestossen rühr mit 4 Eyer 1/2 Stund fest. Dann drücke es in einen hölzernen Model, leg es auf ein Blech und laß es im Ofen blaßgelb bachen.
Hinweis: Springermodel

Zitteronen - Herzle
Rühr 2 Loth (6 dkg) Butter ab, dann rühr 1/2 Pfund (23 dkg) gesiebten Zucker, Zimmet, 2 Zitteronen klein geschnitten, 1 Löffel voll Kerschenwasser und 3 Eyer; dieses rühr wohl durcheinander und thu Mehl darein, bis es ganz dick ist. Dann nimm es auf das Nudelbrett, wahle es aus und stich mit Mödel (kleine Backformen) aus, was Du willst. leg sie auf ein Blech und bache sie im Ofen.
Hinweis: Ausstecherle in Herzform

Zucker - Mies (roter Hagelzucker)
Wiege rohen Spinath, drücke ihn durch ein Tuch; stoß geschelte Mandel und Zucker miteinander fein, dann schütt von dem Saft daran, bis es grün ist. Dann thu es in eine gelbe Pfanne und rühr es auf dem Feuer, bis es etwas dünner ist. Dann thu es in einen Schaumlöffel und druck es durch auf eine Blatte, aber nicht aufeinander.
Hinweis: Oder durch ein grobes Sieb drücken, daß kleine Böllele entstehen. Wenn sie aufeinanderliegen,verkleben sie, dann einfach trocknen lassen.

Zitteronen - Schäumle
Reibe 1/2 Pfund (23 dkg) Zucker an 3 Zitteronen ab, stoß ihn fein, rühr ihn mit 2 Eyerklar 1/2 Stund lang auf eine Seite und setze es dann auf Papier; die Form kann man geben, wie man will. Dann laß es trocken werden ohne es in Ofen zu thun.

Zucker - Brod
Rühr 1 Pfund (46 dkg) fein gestossenen Zucker mit 12 Eyer 1 Stund lang, dann rühr 1 Pfund (46 dkg) Mehl darein, streiche ein Blech mit Butter, thu den Teig darauf und bache es im Ofen. Dann thu es aus dem Blech, schneide Stengele daraus und trockne sie wieder im Ofen.

Zucker - Brod
Verklopf 3 Eyer, thu 1/4 Pfund (12 dkg) gesiebten Zucker darein und rühr es 1/2 Stund lang; dann rühr 1/4 Pfund (12 dkg) Mehl und geschnittene Zitteronen dazu. Beleg ein Blech mit weiß Papier und setze mit dem Löffel lange oder runde Laible darauf. Laß sie ein wenig stehen, bestreu sie mit Zucker, schütt den Zucker, der daneben liegt, ab und bache sie im Ofen gelb.

Zitteronen - Brod
Schlag von 2 Eyern das Weisse zu einem dicken Schnee, säh 1/4 Pfund (12 dkg) gesiebten Zucker darein und rühr es mit diesem 1/4 Stund. Dann reibe 1/2 Zitterone am Reibeisen ab, nimm auch den Saft und 1/2 Pfund (24 dkg) schönes Mehl (Weißmehl); dieses mach auf dem Nudelbrett nur soviel zusammen, daß man es Messerrücken dick auswahlen kann. Stich mit einem kleinen Trinkglas Plätzle aus, leg sie auf ein mit Mehl bestreutes Blech, streich sie mit Eyerweiß, bestreu sie mit Zucker und laß sie im nicht gar zu heissen Ofen bachen.

Guß - Torte
Mach einen Butterteig oder einen geriebenen; hernach wahle ihn nicht zu dünn aus, schneide einen Boden, streich ihn am Rand mit Eyer und leg einen dicken Rampf (Rand) aus Teig darauf, beleg den Boden mit etwas Eingemachtem.Dann mach den Guß darauf : Zu einer großen Torte rühr 1/4 Pfund (12 dkg) Butter ab, dann rühr 6 warme Eyerdotter, eins nach dem andern, darein; rühr dieses 1/4 Stund lang. Dann rühr 1/4 Pfund (12 dkg) gestossenen Zucker, 1/4 Pfund (12 dkg) geschelte, fein gestossene Mandel und 1 Zitteronen-Schelfe (Schale), am Brodreiber abgerieben, dazu. Schlage das Weisse von 6 Eyer zu Schnee, rühr ihn langsam darein und schütt alles auf den Tortenboden und dann gleich in Ofen.

Eingemachtes und Säfte

Äpfel - Kumbuth (Kompott)

Schele Äpfel, schneide sie mitten abeinander, höhle sie aus, thu sie in ein Kastrohl, schütt Wein, Zucker, Zimmet und geschnittene Zitteronen daran und laß sie auf der Glut kochen.

Äpfel - Kumbuth (Kompott)

Laß in einer gelben Pfanne (Messingpfanne) 1 Schoppen (3 dl, etwas mehr als 1 Viertel) weissen Wein und 1 Schoppen Wasser heiß werden, dann leg halbe Äpfel darein und laß sie sieden, bis die Schelfern (Schalen) ganz weg gehen; leg die halben Äpfel auf eine Blatte, die Schelferen aber laß sieden, bis Wein und Wasser eingekocht ist auf einen Schoppen (die Hälfte der ursprünglichen Flüssigkeitsmenge), dann seihe sie durch ein Tuch. Verklopfe 1/2 Pfund (23 dkg, ungefähr 1/4 kg) Zucker, schütte den Wein daran und laß ihn sieden, bis er nicht mehr schäumt. Dann schütte alles auf eine Blatte (Platte mit hohem Rand) und leg die halben Äpfel darauf. Die Äpfel können auch in eingemachte Johannisbeer gelegt werden und oben auf dem Äpfel ein Beer und mit kleingeschnittenem Zittronath gespickt werden. Dieses gilt auch von den Bieren (Birnen).
Hinweis: Dieses besonders feine Rezept kann beim Anrichten mit einer Kugel Vanilleeis verfeinert werden.

Äpfel - Saft

Nimm Äpfel, reib sie am Reibeisen, preß den Saft aus und laß ihn über Nacht stehen, dann seihe das Klare davon; zu 1 Maaß (1,3 l) Saft nimm 1/2 Pfund (23 dkg) Zucker, siede es schön dick, dann drücke Zitteronen-Saft daran und laß ihn noch einige Süd aufthun (einigemal aufwallen). Wenn die Äpfel süß sind, so kann man es ohne Zucker sieden.

Kleine Gugümmerle (Gurken) einzumachen

Butze sie mit einem Tuch ab, leg sie 24 Stund ins Salz; dann butze sie wieder ab, laß Essig mit ganzem Pfeffer und Lorbeerblätter heiß werden, dann schütt es an die Gugümmerle, und wenn sie kalt sind, so thu selbe in ein Glas, schütt Öhl oder Schmalz daran, daß sie frisch bleiben.

Himbeer - Saft

Presse die Himbeer durch ein Tuch. Zu 1 Pfund (ca. 1/2 l) Saft nimm 1 Pfund (46 dkg) Zucker, thu den Saft in eine gelbe Pfanne (aus Messing) und laß ihn sieden, bis er verschäumet hat. Dann thu den Zucker darein, laß es noch einmahl sieden, schäume ihn gut ab und laß ihn 1 1/2 Stund sieden, so ist er fertig.

Äpfel - und Quitten-Saft

Schele Äpfel und Quitten, siede sie im weissen Wein mit den Schelfern, bis sie ganz versotten sind. Dann drucke sie durch ein Tuch und laß alles kalt werden. Zu 1 Schoppen (3,5 dl) Saft leutere 1 Pfund (46 dkg) Zucker mit 1 Schoppen Wasser, bis er spinnt; dann thue den Saft darein und laß es eine Zeitlang kochen, dann laß es kalt werden und füll es ins Glas.

Aprikosen - Gille (Gelee)

Schele 12 Aprikosen, siede sie im weissen Wein, aber nicht zu lind; dann leg sie auf ein Papier und laß sie trocken werden, thu sie auf eine Blatte, schneide sie in der Mitte voneinander, lös die Stein heraus, schlag sie auf und leg die Kern wieder darein. Dann gieß Zitteronen-Gille daran und laß es gestehen.

Hinweis: Heute haben wir Tortengelee, das man mit Zitronen abschmecken kann.

Eingemachte Aprikosen

Schele 2 Pfund (92 dkg) Aprikosen, lös die Stein heraus, dann koch sie in einer gelben Pfanne (Messingpfanne) wie ein Muß und laß sie kalt werden. Leutere 1 Pfund (46 dkg) Zucker, bis er spinnt, thu das Muß darein und laß beydes miteinander kochen, bis es verschäumet ist; dann laß es kalt werden und füll es in Gläser.

Gekochte Bieren (Birnen)

Nimm kleine gute Bierle, thu die Butzen heraus, steck ein ganzes Nägele darein und dünste sie im weissen Wein, Zucker und Zimmet weich.

Hagenbutzen (Hagebutten) einzumachen

Schneide die Hagenbutzen mitten abeinander, thu die Stein (Kern) heraus, dann laß sie stehen, bis sie lind sind; dann presse sie aus, wieg (zerkleinere) das Gepreßte und nimm ebensoviel Zucker, als das Gepreßte wiegt. Laß den Zucker mit ein wenig Wasser vergehen und laß ihn so lang auf dem Feuer, bis er Fäden macht. Dann laß ihn ein wenig kalt werden und rühr ihn in die Hagenbutzen.

Himbeer - Mark

Die Himbeer werden durch einen Seiher gedruckt und dann gewogen, hernach auf einem kleinen Feuer gekocht, bis das Mark dick wird. Sieb zu 1 Pfund (46 dkg) Mark 1/2 Pfund (23 dkg) Zucker fein und rühr ihn darein; koch es noch 1 Viertelstunde, dann laß es kalt werden; dann thue es in ein Zucker - Glas oder steinernen Hafen.

Johannisbeer einzumachen

Wieg 1 Pfund (46 dkg) oder höchstens 5 Vierling (60 dkg) recht zeitige Johannis-Beer, thu die Stiehl weg, dann nimm 1 Pfund zerklopften Zucker, leutere ihn mit 1 Schoppen (3,5 dl) Wasser, bis er spinnt; dann laß ihn ein wenig verkalten. Dann thu die Beer hinein und laß sie solang bachen, bis (wird es probirt) es nicht mehr zerläuft; dann laß es ein wenig kalt werden und füll es in Gläser. Dieses wird zum Backwerk gebraucht.

Quittenschnitz einzumachen

Schele die Quitten, schneide sie in 4 oder 8 Theil; dann leutere 1 Pfund (46 dkg) Zucker mit 1 Schoppen (3,5 dl) Wasser, wenn es gesotten ist, thu 2 Pfund (ca. 1 kg) Schnitz darein; laß sie langsam sieden, bis sie eine schöne Farbe bekommen, dann thu sie heraus. Wenn sie kalt sind, leg sie in ein Glas, streue Zitteronen-Schalen dazwischen. Die Brüh laß noch einkochen, bis sie dick ist, gieß sie lau über die Schnitz. Binde das Glas mit Papier zu und stich Löcher darein. Wenn man will, so kann man auch Zimmet und Nägele darein thun.

Johannisbeer - Saft

Zupfe 1 Pfund (46 dkg) Beer ab, stelle sie in einem sauberen Fußhafen (Kochtopf mit Füßen) auf heiße Asche, damit sich der Saft herauszieht, gieß diesen durch einen engen Seiher und laß ihn über Nacht stehen. Am andern Tag gieß das Helle ab, thu 1 Pfund (46 dkg) Zucker dazu und laß es eine gute Viertelstunde sieden; hernach fülle den Saft-Boudellen (Flasche). Dies unter (mit) dem Wasser zu trinken ist gut, sowohl für Kranke als auch im Sommer bey großer Hitze.
Hinweis: Heute verwendet man einen Entsafter dazu.

Johannisbeer in Essig

Zupf die Beer ab, thu sie in ein Zucker-Glas und streu einige Handvoll gestoßenen Zucker darauf; so laß sie 2 Tag stehen. Dann schütt Essig daran, bis er darüber her geht, dann laß sie wieder 2 Tag stehen. Gieß den Essig ab, sied ihn mit etwas groblecht gestoßenem Zimmet und Nägele und gieß ihn über die Beer, die in einer Schüssel seyn müssen, siedent darüber her. So läßt man sie wieder 2 Tag stehen, gießt den Essig nochmals ab und siedet ihn noch 1/4 Stund. Zuletzt thut man die Beer hinein, läßt sie einen Wall aufthun (aufkochen); dann läßt man sie in einem anderen Geschirr verkalten. Zu 1 Schoppen (3,5 dl) Essig nimmt man 1/2 Pfund (23 dkg) Zucker. Man trägt sie zum Rindfleisch auf.
Hinweis: Bis er darüber hergeht = bis die Beeren bedeckt sind; groblecht gestoßener Zimmet = Zimtrohr.

Imbeer - Schielee (Himbeer - Gelee)
Die Beer werden in einen inner und ausser glasirten Hafen gethan, mit einem wohl geschlossenen Deckel zugedeckt und in siedentes Wasser gestellt, in welchem sie so lang kochen müssen, bis sie Saft haben. Hernach wird dieser Saft nach und nach abgegossen, daß er schön hell bleibt. Zu 1 Pfund (ca 1/2 l) Saft nimmt man 1/2 Pfund ((23 dkg) vom feinsten Zucker, legt ihn in eine gelbe Pfanne (aus Messing) oder Kastrohl, gießt den Saft dazu und laßt es so lang kochen, bis ein Tropfen, wenn er kalt ist, gesteht; dann füll es in Gläser. So kann mans auch mit Johannisbeer machen. Zu 1 Pfund (ca. 1/2 l) Saft nimm 3/4 Pfund (ca. 36 dkg) Zucker, leutere ihn mit 1 Glas Wasser, bis er Perlen wirft, dann thu den Saft dazu und koch ihn 1/2 Stund, schäume ihn fleissig ab. Dann probiere es auf dem Zinnteller : wenn es gesteht, so ist es genug gekocht; dann laß es kalt werden und füll es in Gläser. Am andern Tag dünk (tauche) ein feines Papier in Branntwein, drück es wieder aus und leg es innwendig in die Gläser, so bleibt alles gut.
Hinweis: glasierter Hafen = Ton- oder Porzellantopf (im Wasserbad).

Ganze Imbeer einzumachen
Leutere 1 Pfund (46 dkg) Zucker mit 1 Schoppen (3,5 dl) Wasser, bis er spinnt, dann laß ihn eine Weile verkalten, thu dann 1/2 Pfund (23 dkg) ausgelesene Imbeer darein und stell es wieder auf das Feuer, laß sie ein wenig kochen, aber nicht versieden; thu sie mit einem Schaumlöffel behutsam heraus, daß sie nicht verdruckt werden. Laß die Brüh ganz dick einkochen, dann thu die Beer wieder hinein und laß sie einige Wäll aufsieden; dann laß sie wieder verkalten und füll sie in Gläser.

Imbeer - Saft (Himbeer)
Verdruck die Imbeer, schütt ein wenig Essig daran und stell sie 3 Tag in Keller, dann druck sie durch ein Tuch. Zu 1/2 Maaß (ca. 7 dl) nimm 1 Pfund (46 dkg) Zucker und laß beydes mitsammen sieden, bis es dicklecht und verschäumet ist; dann laß es kalt werden und füll es in Gläser.

Imbeer einzumachen
Nimm schöne Imbeer, laß sie über Nacht zugedeckt im Keller stehen; dann nimm zu 1 Pfund (46 dkg) Imbeer 1/2 Pfund (23 dkg) Zucker, klopfe ihn in kleine Stückle, thu ihn samt den Beer in eine gelbe Pfanne, laß beydes unter stetem Umrühren so lang kochen, bis (wenn man etwas auf einen Zinnteller thut) es gesteht. Laß es hernach in der Pfanne ein wenig kalt werden, füll es in ein Glas, binde es mit Papier zu, stich kleine Löchle darein. Dieses kann zu Backwerk gebraucht werden.

Johannisbeer - Träuble
Nimm schöne, ganze Träuble, wasche sie, leg sie in einen Seiher zum Ablaufen, leutere Zucker, leg sie darein und laß sie eine Weile darein kochen. Dann nimm sie heraus und leg sie in ein Glas; hernach laß den Zucker noch dicker einkochen, dann laß ihn ein wenig kalt werden und schütt ihn darüber.
Hinweis: zum Garnieren verwenden.

Johannisbeer - Saft
Stoß 1 Pfund (46 dkg) zeitige Johannisbeer, dann druck sie durch ein Tuch, siede den Saft in einer gelben Pfanne, bis er ein wenig dicklecht ist, dann thu ihn in eine Schüssel und laß ihn stehen. Leutere 1 Pfund (46 dkg) Zukker mit 1 Schoppen (3,5 dl) Wasser, bis er spinnt; thu den Saft darein und laß beydes so lang sieden, bis er verschäumt ist und ein Tropfen davon auf einem Zinnteller steht.

Kirschen - Saft
Nimm schöne Kirschen, stoß sie samt den Steinern, stell sie 1 Tag in Keller, dann drucke sie aus: Zu 1 Pfund (46 dkg) Saft nimm 3 Vierling (36 dkg) Zucker, 3 Quintle (6 g) feinen Zimmet, 1 Quintle (2 g) Nägele. Dieses koch in einer gelben Pfanne, bis es verschäumt ist. Das Gewürz thu erst dazu, wenn der Saft ein wenig kalt ist.

Quitten - Saft
Butze die Quitten sauber ab, dann reibe sie am Reibeisen, preß den Saft durch ein Tuch und stell ihn über Nacht in Keller. Dann seihe ihn und laß ihn bis auf den 3ten Theil einsieden. Willst Du ihn süß haben, so nimm zu ein Maaß (1,3 l) Saft 1 Pfund (46 dkg) Zucker und laß dieses ebenfalls bis auf den 3ten Theil einsieden.

Zwetschgenmuß zu Buttertorten
Thu von grünen Zwetschgen die Stein heraus, thu sie in eine gelbe Pfanne und laß sie auf der Glut kochen, bis es wie ein dickes Muß ist. Man kann auch Zucker darein thun, hernach füll es in ein Glas.

Limonade
Presse von 12 Zitteronen den Saft aus, seihe ihn, nimm 3 Vierling (36 dkg) Zucker und von 3 Zitteronen die Schale klein geschnitten, thu dieses in einen steinernen Krug, den Zucker verschlage und gib ihn auch dazu. Stelle den Krug in siedentes Wasser, und wenn der Saft zu sieden anfängt, so thu ihn heraus, seihe ihn durch ein Tuch, füll es in eine Boutelle (Flasche), stopfe sie fest zu (verkorke sie) und stelle selbe in Keller. Dieses haltet 1 ganzes Jahr. Willst Du trinken, so vermische es mit Wasser.

Karaffe mit Gläsern

Limonade - Saft
Nimm 1 Schoppen (3,5 dl) Zitteronen-Saft, die Schelfern (Schalen) davon reibe an 3 Vierling (36 dkg) Zucker ab, thu ihn in den Saft, laß es nur ein Sutt (Sud) aufthun, dann seihe es durch ein Tuch, laß es auskühlen, dann füll es in Gläser. Auf 1 Glas Wasser braucht man nicht mehr als 1 1/2 Löffel Saft und die Limonade ist gut.

Korelblumen - Saft (Goldmelisse ?)
Zu 8 Loth (24 dkg) gezupften Korelblumen gieß 1 Schoppen (3,5 dl) siedentes Wasser, laß es 12 Stund stehen, decke es zu; dann presse es durch ein Tuch. Zu 1 Schoppen (3,5 dl) Saft nimm 1 Pfund (46 dkg) Zucker, laß beydes mitsammen eine Weile kochen, dann seihe es durch ein Tuch in ein Glas.

Pommeranzen - Schnitz (Orangenspalten) einzumachen
Schneide von den Pommeranzen die Schaale bis auf das Gelbe weg, dann schneide sie in Schnitze. Leutere Zucker, bis er spinnt, dann schütt ein wenig weissen Wein daran und laß es noch eine Weile sieden. Dann schütt es an die Schnitze und füll es ins Glas.

Pommeranzen - Schnitzle (Orangeat)
Schneide die Pommeranzen-Schale in Schnittle, siede sie im Wasser, dann seihe sie ab; läutere Zucker, bis er spinnt, thu die Schnitzle darein und laß sie noch eine Weile kochen. Dann laß es kalt werden und brauche es zu Torten zieren.

Eingemachte gelbe Pflaumen
Schütte siedentes Wasser an die Pflaumen, dann schele sie; lös die Stein heraus. Thu die Pflaumen in eine gelbe Pfanne, koch sie zu einem Muß, dann richte sie an und laß sie stehen. Leutere Zucker, bis er spinnt, dann thu das Muß darein und laß beydes miteinander noch eine Weile sieden; dann laß es verkalten und füll es in ein Glas. Dieses wird zu Buttertorten gebraucht.

Weichslen sauer einzumachen
Nimm schöne Weichslen und schneide die halben Stiehl weg. Mach in ein Zucker-Glas eine Lage von gestossenem Zucker, Nägele und Zimmet, dann eine Lage Weichseln, dann wieder Zucker und Gewürz und so fort, bis das Glas voll ist. Dann laß Wein-Essig sieden und wenn er kalt ist, so gieße ihn an die Weichseln. Binde das Glas zu, stich Löcher in das Papier und laß es stehen. Man rechnet zu 1/2 Maaß (7 dl) Essig 1/2 Pfund (23 dkg) Zucker. Diese braucht man zum Salath oder zum Garnieren.

Weichseln einzumachen

Läutere 1/2 Pfund (23 dkg) Zucker, laß ihn ein wenig kalt werden. Schneide von den Weichseln den halben Stiehl weg, laß 1 Pfund (46 dkg) Weichseln in dem Zucker 1/4 Stund sieden, man muß aber acht geben, daß sie keine Rümpf (Falten, Risse) bekommen. Dann nimm die Weichslen heraus und laß den Saft noch kochen, bis er dick ist. Dann laß den Saft ein wenig kalt werden und gieß ihn über die Weichslen und füll sie dann in Gläser. Bedeckt der Saft die Weichslen nicht, so muß man noch geläuterten Zucker darüber gießen.

Weichseln einzumachen

Verdruck zeitige Johannis-Beer, druck den Saft durch (ein Tuch), verbröckle 1 Pfund (46 dkg) Zucker, thu 1 1/2 Schoppen (etwas mehr als ein halber Liter) von dem Saft daran und laß es in einer gelben Pfanne kochen, bis der Zucker vergangen ist. Lös von 1 Pfund (46 dkg) Weichseln die Stiehl und die Stein heraus, thu sie dann in die Pfanne und laß sie kochen, bis sie verschäumt sind.

Eingemachte Stachel - Beer

Läutere Zucker nach Belieben, thu die Beer darein und laß sie sieden; dann laß sie etliche Tag stehen. Wenn sie nicht gut sind, so siede den Saft nocheinmal, und wenn es nöthig ist, so siebe noch Zucker darein und laß es noch ein wenig sieden, dann schütt es an die Stachelbeer.

Trauben - Saft einzumachen

Wenn die Trauben anfangen zu reifen, daß sie lind werden, dann verdruck sie, drucke den Saft durch ein Tuch; hernach stell ihn in Keller, bis er hell ist, dann schütte ihn ab. Zu jedem Schoppen (3,5 dl) Saft nimm 1 Pfund (46 dkg) Zucker, thu diesen Zucker in eine gelbe Pfanne, schütte den Saft daran und laß ihn daran stehen, bis die Zuckerbrocken vergangen sind. Dann stell ihn auf das Feuer und koche ihn, bis er verschäumt hat.

Zwetschgen in Essig einzumachen zum Rindfleisch

Nimm auf 60 grüne Zwetschgen 1 Pfund (46 dkg) Zucker, 1 Loth (3 dkg) gestossene Nägele, 1 Loth (3 dkg) Zimmet, 1 Zitteronen-Schelfe (Schale) klein gewiegt, binde diese Gewürze in ein Tüchle, siede den Zucker und das Tüchle in 1/2 Maaß (ca. 7 dl) Weinessig und schütt es über die Zwetschgen, daß es darüber her geht. Nach 2 Tag siede den Essig wieder, am 3ten Tag aber siede die Zwetschgen mit, und zwar so lang, bis sie lind (weich) sind. Und wenn der Essig schäumig wird, so siede ihn wieder auf, aber er muß immer darüber her gehen.

Eingemachte Zwetschgen
Schütt an grüne Zwetschgen warmes Wasser, dann schele sie und lös die Stein heraus. Zu 1 Pfund (46 dkg) Zwetschgen läutere 1/2 Pfund (23 dkg) Zucker, thu die Zwetschgen darein und laß sie lind kochen. Hernach füll sie in ein Glas.

Zwetschgen zu kochen
Schütt an grüne Zwetschgen heisses Wasser, dann schele sie, thu die Stein heraus, thu sie in ein Kastrohl, thu Zucker, Zimmet und Wein daran und laß sie auf der Glut kochen. So kocht man auch die Kerschen.

Zitteronen zu erhalten
Mach ein Lager von Salz in einem steinernen Hafen, wickle jede Zitterone in Papier ein und leg sie darein; dann thu wieder Salz darauf und so weiter. Decke sie mit einem wohl geschlossenen Deckel zu und binde den Hafen zu, damit keine Luft dazu kommt.

Pommeranzen - Saft (Orangensaft)
Nimm 1 Pfund (46 dkg) geleuterten Zucker und laß ihn so lang sieden, bis er dick ist; dann drucke von 12 Pommeranzen den Saft darein. Das Gelbe von der Schale reibe am Reibeisen ab, binde es in ein Tüchle und laß es im Wasser sieden; dann thu es in den Zucker, laß es noch einige Sud aufthun; dann alles auskühlen und in Gläser füllen.

Sonstiges

Warmes Bier

Laß 1/2 Maaß (= ca. 7 dl) Bier sieden mit Zucker und 1 Stück Zimmet und 1 Stück Zitteronen-Schalen, rühr 6 Eyerdotter, schütt das heisse Bier daran und strudle es bey der Glut; dann fülle es in die Kante (Gefäß). Willst Du dieses für ein Krankes, so thu 1 Nuß groß Butter darein und statt Zucker Honig.

Kaiser - Thee

Verrühr 1 Eyerdotter mit gestossenem Zucker in einer Schale; dann schütt siedentes Wasser daran und rühr es um. Dies ist für die Enge gut.

Eyer zu färben

Thu Thulibanen-Blüthen (= Tulpenblätter) 1/2 Tag in das Wasser, dann binde sie um die Eyer, wikle die Eyer in einen Bletz (= Stoffrest) und binde sie ein. Weich Zwifel-Schelferen (= Zwiebelschalen) 1 Tag ins Wasser, dann siede die Eyer darein; wenn sie gesotten sind, löse sie aus den Blättern und streich sie ein wenig mit Butter an.

Gille (Gelee) von Eyergelb

Mach eine Sulz von Kälberfüß und laß sie gestehen; dann siede 1 Maaß (= 1,3 l) weissen Wein mit 1 Pfund (= 46 dkg) Zucker und 8 Eyergelb und von 1 Pommeranzen (Orange) die Schelfer. Dann laß es kalt werden, laß die Sulz vergehen und rühr das Verkaltete darein und rühr es auf dem Feuer, bis es sieden will. Dann füll es in Gläser oder Schalen und laß es gestehen. *Hinweis: Heute nimmt man Aspikpulver oder Blattgelatine*.

Saft für Kathar (Katarrh)

Les Frauenkraut (Frauenmäntele ?), siede es wohl lang, dann seihe es ab. Thu 1 Schoppen (3,5 dl) Saftleutere in 1 Pfund (46 dkg) Zucker und laß es noch eine Weile sieden; dann laß es kalt werden und füll es in Gläser und behalt es auf. Will jemand, so nimm 1 Löffel voll Saft, schütte siedentes Wasser daran und trink es.

Verzückerte Mandel (Krachmandeln)

Laß 1/2 Pfund (23 dkg) Zucker mit 6 Löffel voll Wasser vergehen, dann thu 1/2 Pfund (23 dkg) Mandel darein und rühr sie auf dem Feuer, bis sie knollen. Hernach thu sie vom Feuer und rühr sie, bis sie trocken sind. Dann stell sie wieder auf das Feuer und rühr sie, bis sie glanzen (glasiert sind); dann schütt selbe auf ein Brett und thu sie voneinander.

2.ter Theil - Menüvorschläge

Von der Ordnung der Speisen, wasfür und wie dieselben aufgetragen werden.

Zu Mittags
1. Eine braune Suppe
2. Rindfleisch und eine grüne Soos dazu
3. Spinath und gebachene Kälberfüß darauf
4. Kastrohl-Pastete mit Tauben gefüllt
5. Einen Brathen von einem Kalbsschlegel wie auch einen Salath und ein Krem.

Auf die Nacht
1. Eine Habermehl-Suppe
2. Eingemachte Hühnle und Eyerkuttlen
3. Einen Brathen und ein Aufgezogenes von Schokalade.

Auf Mittag
1. Eine gestandene Eyersuppe
2. Rettig
3. Kohlraben und ein Ammenleth von Eyer darauf
4. Lungen in der Soos.

Auf Mittag
1. Eine Saurampflen-Suppe
2. Eine braune Soos dazu
3. Gelberüben, ein Ammenleth von Eyer und Karminadel vom Kalbskopf auf den gelben Rüben
4. Einen Brathen und Salath.

Zu Mittag an einem Fasttag
1. Eine durchgetriebene Erbsen-Suppe
2. Eyer im Butter
3. Abgeschmelzte Spitzzölen und Brodküchle vom gebrühten Teig
4. Einen Kirschkuchen.

Zu Mittag an einem Fasttag
1. Eine Brodsuppe
2. Aufgezogene Eyer
3. Ausmach-Erbsen
4. Mehl-Schnecken.

Auf Mittag

1. Eine Fleischsuppe mit Butterknöpfle
2. Rindfleisch, Rettig und Sauerampflensoos
3. Köhl und Karminadel darauf
4. Eingemachte Hühnle und kleine Butterteig-Pastetle dazu
5. Friganto vom Kalbfleisch und ein Krem dazu
6. Ein Reisknopf in einer süssen Soos
7. Eine gebrathene Ente und Salath dazu
8. Schokalade-Torte und Konfeckt.

Auf Mittag

1. Eine Nudelsuppe
2. Rindfleisch und Kren
3. Abgeschmelzte Bohnen
4. Eingemachtes Kalbfleisch und Kren.

Auf Mittag

1. Eine verlohrene Eyersuppe
2. Rindfleisch und Knöpfle
3. Gelberüben und ein Ammaleth von Fleisch
4. Eine Pastete mit Tauben.

Auf Mittag

1. Eine Sauerampflen-Suppe
2. Rindfleisch und eine grüne Soos
3. Kohlraben und ein Karminadel von Kälberknochen
4. Einen Brathen.

Auf Mittag

1. Eine Brösel-Suppe
2. Rindfleisch und eine Saurampflen-Soos
3. Ausmach-Erbsen und ein Ammaleth vom gebrühten Teig
4. Grüne Zunge in einer Rahmsoos.

An einem Fasttag

1. Eine Fastensuppe von gerösten Bröckle
2. Eyer im Butter und Spinath
3. Fisch in einer Weinsoos
4. Ein Kirschenkuchen.

Auf Mittag
1. Eine geriebene Gerstensuppe
2. Rindfleisch und Rettig
3. Köhl und Karminadel
4. Tauben und Salath und Eyer darauf.

Auf Mittag
1. Eine verlohrene Eyersuppe
2. Rindfleisch und Gurken
3. Kohlraben und ein Ammaleth
4. Italienisches Kalbfleisch und eine Saurampflen-Soos dazu.

Auf Mittag
1. Eine verkochte Brodsuppe
2. Rindfleisch und Saurampflen-Soos
3. Gelbe Rüben und geröst(et)e Leber
4. Abgerührte Pastetle mit Tauben gefüllt.

Auf Mittag
1. Eine Fleischsuppe mit abgerührten Pastetle
2. Rindfleisch und eine süsse Rahmsoos
3. Schnittmangel (Mangold) und Karminadel darauf
4. Ein Lungenmuß.

Auf Mittag
1. Eine Suppe mit Fleckel
2. Rindfleisch und eine grüne Soos
3. Kohlraben und Fleischauflauf
4. Eingemachtes Kalbfleisch.

Auf Mittag
1. Eine Krebs-Suppe
2. Gefüllte Eyer
3. Eine Französische Pfannen-Kuche
4. Eine Kirschen-Kuche.

An einem Fasttag
1. Eine durchgetriebene Erbsensuppe
2. Eyer im Butter
3. Schefen (Bohnen)
4. Zwibel-Würstle und gekochte Pflaumen.

Auf Mittag

1. Eine Fleischsuppe mit Leber-Knöpfle
2. Rindfleisch und Gugummern (Gurken)
3. Kohl und Karminadel darauf
4. Ein Aufgezogenes von Kindsmuß
5. Ein gebrathenes Hühnle und Salath.

Auf Mittag

1. Eine verkochte Brodsuppe
2. Rindfleisch und Saurampflen-Soos
3. Schefen und ein Karminadel
4. Ein Ammaleth von Eyer und Lungen in der Soos.

Auf Mittag

1. Eine Fleischsuppe mit gerösten Brodsamen
2. Rindfleisch und eine braune Soos
3. Kohlraben und Schaaffleisch (formiere dieses Fleisch wie Karminadel)
4. Gebrathene Tauben und Salath.

Auf Mittag

1. Eine Saurampflen-Suppe
2. Rindfleisch und eine grüne Soos
3. Schnittmangel und ein Ammaleth von Eyer
4. Eingemachtes Kalbfleisch
5. Ein Aufgezogenes von Reis.

Auf Mittag (am Festtag der heiligen Anna)

1. Eine Fleischsuppe mit abgerührten Pastetle
2. Rindfleisch und eine grüne Soos und Gugummeren (Gurken)
3. Köhl und gebachne Hühner darauf
4. Eine Ente in der Soos und abgerührte Pastetle dazu
5. Einen gebrathenen Schaafschlegen und ein Kirschküchen dazu
6. Schunken und Salath
7. Nachtisch : Eine Buttertorte, Pflaumen und Käs.

Auf Mittag

1. Eine Brodsuppe
2. Verrührte Eyer
3. Knöpfle abgeschmalzte, einen Drisch (Fisch) und ein Karpfen in einer Wein-Soos.

An einem Fasttag
1. Eine Krebs-Suppe
2. Eyer im Butter
3. Spitzzölen
4. Fisch in einer sauren Soos und ein Strüdelchen.

Auf Mittag
1. Eine Fleischsuppe mit Nudeln
2. Rindfleisch und Gugummern
3. Köhl und Schunken darauf
4. Einen gebrathenen Schaafsschlegel
5. Eine Buttertorte.

Auf Mittag eines Festtags
1. Eine Suppe von abgerührten Pastetle
2. Rindfleisch und Knöpfle
3. Kohlraben und Karminadel darauf
4. Ein abgerührtes Pastetle und Tauben darein
5. Einen gebrathenen Schaafsschlegel und Salath dazu
6. Einen Kirschkuchen (auf die andere Art).

Auf Mittag
1. Eine Suppe mit verlohrnen Eyer
2. Rindfleisch und Saurampflen-Soos
3. Köhl und ein Ammalet von gewiegtem Fleisch
4. Ein Bröthlein und Vögel.

Auf Mittag
1. Eine Brösele-Suppe
2. Rindfleisch und eine braune Soos
3. Schnittmangel
4. Ein abgerührtes Pastetle und ein eingemachtes Hühnlein darein.

Auf Mittag
1. Eine Brodsuppe
2. Rindfleisch und eine Eyersoos
3. Gelbe Rüben und geröste Leber
4. Ein gefülltes Brüstle.

Auf Mittag

1. Eine verlohrne Eyersuppe
2. Rindfleisch und Knöpfle und Gugummern
3. Köhl und Schaaffleisch darauf
4. Wildbreth, Krapfen und Salath.

Auf Mittag

1. Eine Brodsuppe
2. Rindfleisch und Saurampflen-Soos
3. Einen Schaafs-Brathen und Kohlraben
4. Einen Bettelmann von Bieren (Birnen)

Auf Mittag

1. Eine Saurampflen-Suppe
2. Rindfleisch und Gugummern
3. Abgeschmelzte Bohnen
4. Ein eingemachtes Wildbreth und abgeschmelzte Knöpfle dazu.

An einem Fasttag

1. Eine Krebssuppe
2. Eingerührte Eyer und Spinath
3. Fröschen in einer Butter-Soos und abgeschmelzte Knöpfle.

An einem Fasttag zu Mittag

1. Eine durchgetriebene Erbsensuppe
2. Eyer im Butter
3. Abgeschmelzte Bohnen und gesottene Erdäpfel dazu
4. Gefüllte Mandel-Würstle, große Weinbeer und ein Bieren-Kumbuth (Birnenkompott).

Auf Mittag

1. Eine Brösele-Suppe
2. Rindfleisch und eine grüne Soos
3. Abgeschmelzte Spitzzölen und ein Ammaleth von gebrühten Teig
4. Einen Brathen und Salath.

Auf Mittag

1. Eine geriebene Gerstensuppe
2. Rindfleisch und Kreh
3. Kohl und Karminadel darauf
4. Ein Wildbreth in einer sauren Soos und ein Aufgezogenes von Brod.

Auf Mittag

1. Eine gestandene Eyersuppe
2. Rindfleisch und Gugummeren
3. Köhl und ein Schaaf-Brathen darauf
4. Gebrathene Tauben und ein Bieren-Kumbuth.

Auf Mittag

1. Eine verlohrne Eyersuppe
2. Rindfleisch und Rettig
3. Einen Brathen und Spitzölen
4. Einen gesottenen Fleischknopf in Stückle geschnitten und mit Brodsamen abgeschmelzt.

Auf Mittag

1. Eine Suppe mit gerösten Bröckle
2. Kohlraben und verlohrne Eyer darauf
3. Brodknöpfle mit Brodsamen abgeschmelzt
4. Eine gebrathene Milch.

Auf Mittag

1. Eine Saurampflen-Suppe
2. Rindfleisch und eine braune Soos
3. Spitzzölen und eine Französische Pflaumenkuche
4. Schnitzle von Kalbfleisch in einer sauren Soos.

Auf Mittag

1. Eine Suppe mit Knöpfle
2. Rindfleisch und Gugummeren
3. Einen Brathen und Gelbe Ruben
4. Ein Reisknopf mit Kerschenwasser.

An einem Fasttag zu Mittag

1. Eine Fröschen-Suppe
2. Verrührte Eyer
3. Einen gefüllten Kohl
4. Fröschen in der Soos und Ofenküchle dazu.

An einem Fasttag

1. Eine Brodsuppe
2. Ein Ammaleth und Spitzzölen
3. Ein Strudel und Fröschen.

Auf Mittag

1. Eine geriebene Gersten-Suppe
2. Rindfleisch und Gugummern
3. Köhl und Schaaffleisch darauf
4. Ein Brathen und Salath dazu.

Auf Mittag

1. Eine Reissuppe
2. Rindfleisch und Gurken
3. Spitzzölen
4. Tauben und Bierenstock
5. Abgerührte Pastetle.

Auf Mittag

1. Eine verlohrne Eyersuppe
2. Rindfleisch und Gugummern
3. Kohlraben und ein Schafs-Brathen
4. Ein Aufgezogenes vom groben Semmel.

Auf Mittag

1. Eine Brodsuppe
2. Rindfleisch und eine braune Soos
3. Köhl und einen Schaafs-Brathen darauf
4. Einen Brathen und abgeschmelzte Knöpfle dazu.

Auf Mittag

1. Eine Brösele-Suppe
2. Rindfleisch und eine Rahmsoos
3. Kohlraben und Schaaffleisch darauf
4. Ein Aufgezogenes von Kindsmuß.

An einem Festtag auf Mittag

1. Eine braune Suppe
2. Rindfleisch, Saurampflensoos und Gugummern
3. Köhl und einen Schaafsbrathen darauf
4. Eingemachte Hühnle und abgerührte Pastetle dazu
5. Gebrathene Kapaunen und 1 Indian und Zwetschgen-Kumbuth
6. Zwei gebrathene Enten mit Antive-Salath (Endivie) und ein Brodknopf
7. Nachtisch : Eine Kardirtorte und Meerinken (Meringe), wie auch blaue und weisse Pflaumen.

Auf die Nacht

1. Habermehl-Suppe und lind gesottene Eyer
2. Strudel und Bieren-Kumbuth, sowie Fisch in einer grünen Soos
3. Blau abgesottene Forellen, gebachne Groppen, Salath und einen Kaiserkuchen.

Auf Mittag

1. Eine Erdäpfel-Suppe
2. Spinath und ein Ammaleth von Eyer darauf
3. Eyer-Kuttlen und gebachne Milch.

An einem Fasttag auf Mittag

1. Eine Brodsuppe
2. Eyer im Butter und abgeschmelzte Spitzzölen dazu
3. Abgeschmelzte Nudeln und Fisch in einer sauren Soos.

Auf Mittag

1. Eine Brodsuppe
2. Rindfleisch und Knöpfle
3. Spitzzölen
4. Einen Indian und Zwetschgen-Kumbuth.

Auf Mittag

1. Eine verlohrne Eyersuppe
2. Rindfleisch und eine braune Soos
3. Kohlraben und Karminadel darauf
4. Eine gebrathene Ente und Antive-Salath dazu.

Auf Mittag

1. Eine geriebene Gersten-Suppe
2. Rindfleisch und Sauerampflen-Soos
3. Spitzzölen und ausgewahlte Küchle dazu
4. Einen Schaafsbrathen.

Auf Mittag

1. Brodsuppe
2. Rindfleisch und Knöpfle
3. Köhl und gebachenes Schaaffleisch darauf
4. Eine Butter-Pastette und eingemachte Tauben darein
5. Gebrathene Hühner und Zwetschgen
6. Einen gerösten Knopf in einer Kerschensoos.

An einem Fasttag

1. Eine Saurampflen-Suppe
2. Eyer in einer sauren Soos
3. Abgeschmelzte Spitzzölen und abgeschmelzte Knöpfle
4. Zwetschgen und Freyburger Pflutten.

An einem Fasttag

1. Eine Krebssuppe
2. Verlohrne Eyer in einer sauren Soos und gebrathene Erdäpfel
3. Gefüllte Würstle.

Auf Mittag

1. Eine Erdäpfelsuppe
2. Rindfleisch und Knöpfle
3. Köhl und Karminadel darauf
4. Gebachne Nüdelchen mit ein wenig Brathenbrüh gekocht und einen Brathen darauf.

Auf Mittag

1. Eine Brodsuppe
2. Rindfleisch und eine braune Soos
3. Gelbrüben und gebrathenes Schaaffleisch darauf
4. Einen gesottenen Fleischknopf und Kälberknoden (Knöchel) in einer sauren Soos.

Auf Mittag

1. Eine verlohrne Eyersuppe
2. Rindfleisch und grüne Soos
3. Kohlraben und schöfene Karminadel darauf
4. Eine Butter-Pastete und ein Lungemuß darein und ein Rebhühnlein.

Auf Mittag

1. Eine Suppe von Körbelkraut
2. Rindfleisch und Knöpfle
3. Abgeschmelzte Spitzzölen
4. Kälberknoden in einer weissen Soos
5. Ein Kumbuth von Äpfel.

Auf Mittag
1. Eine Suppe mit Markknödel
2. Rindfleisch und Saurampflen-Soos
3. Fidkassirte (frikassierte ?) Erdäpfel
4. Gedünstete Tauben in einer Weinsoos

An einem Festtag auf Mittag
1. Eine durchgetriebene Erbsensuppe
2. Spinath und ein Ammaleth von Eyer darauf
3. Äpfelkratzete und Fröschen in der Soos
4. Gebrathene Rheinlanken (Renken ?) und Salath.

Auf Mittag
1. Eine Knöpfle-Suppe
2. Rindfleisch und Rettig
3. Köhl und Karminadel darauf
4. Einen Brathen und Bieren-Kumbuth.

Auf Mittag
1. Eine durchgetriebene Erdäpfelsuppe
2. Rindfleisch und eine Rahmsoos
3. Abgeschmelzte Spitzzölen
4. Wildbreth in der Soos und abgeschmelzte Fleischkräpfle.

Auf Mittag
1. Eine Fleckle-Suppe
2. Rindfleisch und Gugummern
3. Köhl und Schaaffleisch darauf
4. Wildbreth in einer Rahmsoos und Salath.

Auf Mittag
1. Eine Erdäpfelsuppe
2. Rindfleisch und eine braune Soos
3. Spinath und Karminadel
4. Bieren-Kumbuth und gebrathene Tauben.

Auf Mittag
1. Eine Körbelkrautsuppe
2. Rindfleisch und Knöpfle
3. Gelbrüben und Schääffis darauf
4. Eine gebrathene Perlhenne und Salath dazu.

An einem Fasttag auf Mittag

1. Eine Gersten-Suppe
2. Eyer im Butter und Spitzzölen
3. Einen blau abgesottenen Drisch (Trüsche, Fisch) und abgeschmelzte Semmel-Pflüttle.

Auf Mittag

1. Eine geröste Brösele-Suppe
2. Rindfleisch und Senft
3. Ein baierisches Kabiskraut und einen Brathen von Schaaffleisch
4. Ein Aufgezogenes von Kindsmuß.

An einem Freytag

1. Eine durchgetriebene Erbsen-Suppe
2. Eyer in der Soos
3. Ein Erdäpfelmuß
4. Fisch in einer grünen Soos und Knöpfle dazu.

An einem Samstag

1. Eine grüne Suppe
2. Kohlraben und gebachne Eyer darauf
3. Gebrathene Fisch und Eyerkuttlen
4. Ein Reisknopf in Kerschensoos.

An einem Sontag

1. Eine gestandene Eyersuppe
2. Rindfleisch und Gugummern
3. Ein baierisches Kabiskraut und einen Brathen darauf
4. Ein Wildbreth und ausgewahlte Küchle dazu..

An einem Montag

1. Brodsuppe
2. Rindfleisch und Gugummern
3. Köhl und ein Karminadel von Kalbsknoden darauf
4. Einen Brathen und Birnstock dazu.

An einem Dienstag

1. Eine Nudelsuppe
2. Rindfleisch und Senft
3. Geröste Leber und Gelberüben
4. Eine Pastete mit Tauben gefüllt.

An einem Mittwoch
1. Eine Erdäpfelsuppe
2. Rindfleisch und eine grüne Soos
3. Gedämpfte Erdäpfel und ein schweinernes Brathel
4. Eine grüne Zunge in einer braunen Soos.

An einem Donnerstag
1. Eine Brodsuppe
2. Rindfleisch und Kreh
3. Spitzzölen in einer Butterbrüh und Karminadel darauf
4. Einen Brathen.

An einem Freytag
1. Eine Krebssuppe
2. Gefüllte Eyer
3. Gebachne Erdäpfel
4. Würstlein mit gekochtem Mangel (Mangold) gefüllt
5. Einen blau abgesottenen Drisch (Fisch).

An einem Samstag
1. Eine Brodsuppe
2. Verlohrne Eyer in der Buttersoos und Brodknöpfle
3. Ein Mangelkraut und Forellen auf dem Rost gebrathen, im Butter und Brodsamen umgekehrt.
4. Butter-Pastetle in kleinen Mödeln und einer Fülle darein Die Fülle wird so gemacht: Man stosset Zucker nach Belieben, dann rührt man ihn mit Eyergelb ab, hernach thut man ein wenig sauren Rahm darein und fülle es, bevor man sie in Ofen thut.

Am Sonntag
1. Eine Nudelsuppe und eine Henne dazu
2. Rindfleisch und Senft
3. Kohl und Schaaffleisch
4. Gebrathene Tauben, einen Salath und Bierenstock.

An einem Montag
1. Eine geröste Brösele-Suppe
2. Rindfleisch und Gugummern
3. Kohlraben und ein schweinernes Bräthel darauf
4. Einen Brathen.

Am Dienstag
1. Eine grüne Suppe
2. Rindfleisch und eine braune Soos
3. Gelberüben und Karminadel vom gewiegten Kalbsbrathen darauf
4. Nudeln in der Milch, einen schweinernen Brathen in einer sauren Soos.

Am Mittwoch
1. Eine Erdäpfelsuppe
2. Rindfleisch und Knöpfle
3. Ein lateinisches Kraut und einen Schweinsbrathen darauf
4. Eine Buttertorte mit Zwetschgen gefüllt.

Am Donnerstag
1. Eine Brodsuppe
2. Rindfleisch und Gugummern
3. Kohlraben und Schaaffleisch
4. Ein abgeschmelzter Kalbskopf
5. Gebrathene Rebhühner und einen Hepfkuchen.

Am Freytag
1. Eine Fröschen-Suppe
2. Eyer im Butter und abgeschmelzte Spitzzölen
3. Dampfnudel
4. Fröschen in der Soos.

Am Samstag
1. Eine Brodsuppe
2. Gebachne Erdäpfel und blau abgesottene Forellen
3. Ofenküchle und gekochte Pfirsich dazu.

An einem Sonntag
1. Eine Brodsuppe
2. Rindfleisch und Gugummern
3. Köhl und Karminadel darauf
4. Gebrathene Tauben und Salath und ein Äpfelmuß.

Am Dienstag
1. Eine Suppe mit Knöpfle
2. Rindfleisch und Knöpfle
3. Gelberüben und einen Schaafsbrathen darauf
4. Tauben im Blut in eine Butter-Pastete gefüllt.

Am Mittwoch
1. Eine Erdäpfel-Suppe
2. Rindfleisch und Rahmsoos
3. Gekochten Antive und Karminadel darauf
4. Ein Biffammenlott (?)

Am Donnerstag
1. Eine grüne Suppe
2. Rindfleisch und Gugummern
3. Spitzzölen und ein Ammaleth von Fleisch
4. Einen Brathen und Salath
5. Einen Bierenstock und ein Aufgezogenes von Kindsmuß.

Am Freytag
1. Eine Krebssuppe
2. Eingerührte Eyer
3. Karviol
4. Abgeschmelzte Nudeln und Karpfen in einer braunen Soos.

Am Samstag
1. Eine Gerstensuppe
2. Eyer im Butter
3. Einen gefüllten Köhl
4. Abgeschmelzte Knöpfle und Fröschen in der Soos.

Am Sonntag
1. Eine Nudelsuppe und ein gesottenes Hühnlein dazu
2. Rindfleisch und Gugummern
3. Ein baierisches Kraut und ein Schweinsbrathel dazu
4. Einen Kalbsbrathen, ein gebrathenes Hühnlein und einen Bierenstock
5. Eine Buttertorte mit Äpfel gefüllt.

Am Montag
1. Eine grüne Suppe
2. Rindfleisch und eine braune Soos
3. Ein lateinisches Kraut und einen Schweinsbrathen darauf
4. Eingemachte Hühner
5. Einen schöfenen Brathen und einen Bierenstock
6. Gebrühte Küchle und ein Krem dazu.

Am Dienstag

1. Butter-Knedel
2. Rindfleisch und eine Saurampflen-Soos
3. Gedämpfte Erdäpfel und ein schweinenes Brathel darauf
4. Eine Butter-Pastete mit Tauben gefüllt.

Am Mittwoch

1. Eine Brodsuppe
2. Rindfleisch und Rettig
3. Spitzzölen und Schaaffleisch darauf
4. Ein gefülltes Brathel mit Wein und Äpfel im Schlafrock dazu.

Am Donnerstag

1. Eine Brösele-Suppe
2. Rindfleisch und Rettig
3. Spinath und verlohrne Eyer
4. Kalbsknoden in einer Soos und Knöpfle.

Am Freytag

1. Eine Krebssuppe
2. Eyer im Butter
3. Fröschen in der Buttersoos und Nudlen abgeschmelzt.

Am Samstag

1. Eine Fröschensuppe
2. Gefüllte Eyer und Kohlraben
3. Krebs-Zieger.

Am Sonntag

1. Eine Blumensuppe
2. Rindfleisch und Gurken
3. Kohlrüben und Schaaffleisch
4. Tauben im Blut
5. Einen Reisknopf und Bierenkumbuth.

Am Montag

1. Eine grüne Suppe
2. Rindfleisch und Gurken
3. Spitzzölen und ein Ammaleth
4. Einen Brathen und Bierenkumbuth
5. Aufgezogenes Kindsmuß.

Am Dienstag

1. Eine geriebene Gerstensuppe
2. Rindfleisch und Knöpfle
3. Kohl und ein Ammaleth von Fleisch darauf
4. Ein gedämpftes Hühnle und Salath dazu.

Am Mittwoch

1. Eine Brodsuppe
2. Rindfleisch und Gugummern
3. Ein Brathel und Stutznudeln.

Am Donnerstag

1. Eine Brodsuppe
2. Rindfleisch und eine saure Rahmsoos
3. Köhl und gebachne Lungen darauf
4. Hühnlein in einer weissen Soos und Eyerkuttlen darum.

Am Freytag

1. Eine Krebssuppe
2. Eyer im Butter
3. Eyerküttele in der Milch und Fröschen in der Butterbrüh
4. Karviol und Erdäpfel herum, die gebachen seyn müssen.

Am Samstag

1. Eine Fröschensuppe
2. Eingerührte Eyer
3. Kohlraben und gebrathene Fröschen darauf
4. Dampfnudeln
5. Ein Aufgezogenes von Kindsmuß und Bierenstock.

Die Speisen zu zieren:

Rindfleisch mit Betterlekraut;
Köhl mit Karminadel;
Pastetle mit Lorbeerblätter;
Rindszunge mit kleinen Butter-Pastetle;
Milkle mit Blättle von Butterteig;
Schwarzwildbräth mit Lorbeer-Blätter;
Schunken mit Sulz;
Randig mit Zitteronen;
Äpfelkumbuth mit Johannisbeer und Zittrenath;
Rehbrathen mit Lorberblätter;
Kerschenwasser-Krem mit Zittrenath;
Mandel-Sulz mit Pistazi;
Indian mit Betterlekraut und Zitteronen;
Mandeltorten mit Blumen und Zucker bestreut;
Äpfel mit Lorbeerblätter;
Pommeranzen mit Lorbeerblätter.

Die Speisen zu zieren:

Verlohrne Eyer im Butter mit Betterlekraut;
Spinath mit Fröschenlekraut (?);
Aufgezogenes von Fisch mit Lorbeerblätter;
Sauerkraut mit Häring und Betterlekraut;
Stockfisch mit Betterlekraut;
Karpfen mit Lorbeerblätter;
Nudeln mit einem Kranz von gebachnen Nudeln;
Blau abgesottene Hecht mit geschnittenen Zwibeln;
Kraut von Betterle mit gebachnen Forellen;
Salath mit Eyer und Körbelkraut;
Muskatzin-Torte mit Zuckermies;
Pommeranzen-Schnitzle mit Mandeln und Zittrenath-Schnitzle und um die Blatte Lorbeerblätter;
Hippen mit Lorbeerblätter;
Kleinkonfeckt mit Lorbeerblätter;
Mandelschnitten mit Lorbeerblätter;
Glasirte Pastetle mit Zuckermies und gefüllt mit Eingemachtem.

Speiszettel in 3 Auftragen

I.
Rindfleisch, Randig, Grüne - und Rahmsoos;
Köhl mit gebachenen Karminadel;
Suppe;
Saurkraut mit Vasanen;
Kleine, gefüllte Butter-Pastetle.

II.
Rinderzunge mit Rahmsoos;
Milkle mit Kalbs-Ohren;
Grüne Bohnen mit süsser Rahmsoos;
Schwarzwildbräth mit brauner Soos und Hagebutzensoos;
Mandelknopf mit Weinsoos.

III.
Rehbraten;
Schunken;
Apfelkumbuth;
Indian;
Kerschenwasser-Krem;
Mandel-Sulz;
Kalte Pastete;
Rebhühner und Vögel;
Salath.

Nachtische:
Äpfel und Trauben;
Äpfel und Pommeranzen;
Mandeltorte;
Mehrrinken;
Konfeckt;
Gefrornes;
Trauben und Bieren;
Pommeranzen und Konfekt.

Speis-Zettel an einem Fasttag in 3 Auftragen:

I.
Verlohrne Eyer in einer Buttersoos;
Durchgetriebene Erbsen-Suppe;
Spinath mit gebachnen Fröschen.
II.
Sauerkraut mit gebachnen Häring;
Aufgezogenes von Fisch;
Stockfisch.
III.
Gebachne Forellen;
Blau abgesottenen Hächt;
Auf einer Blatte vierley Nudeln;
Karpfen in brauner Soos;
Salath mit Eyer.

Nachtisch:
Hippen;
Kleinkonfeckt;
Magrohnen-Torte;
Mandelschnitten;
Glasirte Pastetle vom Butterteig.

Kalte Vorspeisen

Warme Vorspeisen

Suppen

Hauptspeisen - Allgemein

Hauptspeisen - Kalbfleisch

Hauptspeisen - Rind

Hauptspeisen - Schwein

Hauptspeisen - Geflügel

Hauptspeisen - Wild

Hauptspeisen - Fisch

Beilagen

Pikante Saucen

Süsse Saucen

Mehlspeisen

Desserts

Kuchen und Gebäck

Eingemachtes und Säfte

Sonstiges

2.ter Theil - Menüvorschläge

Speisen zu zieren

Aufstreichen mit Butter, thut es darein, und bäckt es langsam schön gelb.

Falsches Mandelbrod.

Nimm 1/2 Vierling Mehl, 1/4 Pfund Zucker, 1/4 Pfund Butter, und die Schale von 1/2 Zitronen am Zucker abgerieben; dieses wird mit etlichen Löffel voll Wein auf dem Nudelbrett zu einem Teig gemacht, gut Messerrücken dick ausgewellt, und nach Belieben länglichte Stückle geschnitten, mit Eyer bestrichen, mit Zucker und Zimmet bestreut, auf ein mit Mehl bestreutes Blech gelegt, und im Ofen gebacken.

Man kann [illegible] zu

[illegible] Mandelbrod [illegible]